Je cuisine avec un

EXTRACTEUR DE JUS

LENE KNUDSEN
PHOTOGRAPHIES DE
RICHARD BOUTIN

MARABOUT

Introduction

Les jus et smoothies fraîchement pressés sont rafraîchissants et riches en nutriments (vitamines, fibres, antioxydants et enzymes). Un vrai atout vitalité et capital santé !
La différence entre les jus et les smoothies ? Les premiers ne contiennent pas de fibres, qui restent dans le filtre de l'extracteur, ce qui les rend légers et digestes. Les smoothies, eux, sont concentrés en fibres, ce qui les rend onctueux et bénéfiques pour les intestins.

On peut dès le matin se faire du bien avec un jus fraîchement pressé à l'aide d'un extracteur.
Les possibilités de boissons gourmandes sont infinies et se déclinent selon les saisons et l'humeur : un simple jus d'orange pressé, un smoothie de légumes, une boisson végétale à base de noix, des boissons plus tropicales, tout cela se prépare en un tour de main pour notre plus grand bonheur !

De plus, un extracteur permet de compléter une alimentation saine en peu de temps. N'ayez pas peur de tout mélanger : les légumes avec des fruits dans un smoothie ou un jus donnent la possibilité d'introduire plus de légumes dans l'alimentation des enfants (et aussi des adultes !). Pourquoi ne pas aller plus loin en utilisant ces boissons dans des plats salés ou sucrés, en cure détox ou tout simplement par goût des fruits et légumes ?

Il faut très peu d'ustensiles pour se lancer : une planche à découper, un couteau, un épluche-légumes, des verres, des bols, une spatule et un égouttoir.

Proportions pour des jus basiques (environ 250 ml)

1 verre de jus d'orange	3 oranges (520 g)
1 verre de jus de pomme	3 pommes (720 g)
1 verre de jus de poire	2 poires (500 g)
1 verre de jus d'abricot	6 abricots (600 g)
1 verre de jus de carotte	6 carottes (600 g)
1 verre de jus de mangue	1 mangue (500 g)
1 verre de jus de tomate	3 tomates (400 g)

Les sucres naturels

Les jus contiennent déjà un taux élevé de sucre naturel. Néanmoins, s'il manque encore un peu de douceur, avant d'avoir le réflexe d'ajouter du sucre en poudre ou du miel, vous pouvez vous tourner vers la banane, les dattes, la mangue, l'onctueuse de noix de coco, la figue ou l'ananas. Il existe également des sucres naturels à index glycémique bas (qui n'élèvent pas la glycémie du sang) tels que la stévia ou le xylitol, en vente en magasins bio.

Les accessoires

L'EXTRA PRESS

Il permet d'obtenir l'extraction à froid des fruits pour garder un maximum de nutriments. On ne l'utilise pas avec des carottes ou des noix crues ; ces dernières doivent être préalablement trempées avant utilisation.

L'Extra Press s'utilise en général pour les smoothies, les soupes crues ou cuites, ou encore les boissons végétales. On peut aussi s'en servir quand on souhaite une belle épaisseur dans son jus ou son smoothie.

Le filtre JUS

Ce filtre basique permet de séparer et de presser le jus des aliments fibreux tels que les pommes, les carottes, le fenouil, les choux, le céleri, les radis. On obtient ainsi un jus pur, clair et léger.

Zéro déchet et okara

Après avoir fait des jus de fruits, des smoothies ou des boissons végétales à base de noix, la surprise est grande lorsqu'on découvre les restes de fibres et de noix (appelés « okara ») qui se cachent dans le filtre. Que faire de ces déchets abondants ? Pour en profiter, un chapitre « Zéro déchet » est consacré à l'utilisation de ces restes, pour des recettes gourmandes ou des créations plus innovantes.

CONSEILS ET ASTUCES

Pour profiter au mieux des bienfaits des jus :
- privilégier les fruits et légumes bio pour moins de chimie et plus de goûts ;
- toujours rincer les fruits et légumes avant utilisation ;
- éplucher les végétaux s'ils ne sont pas bio ;
- boire les jus immédiatement pour bénéficier de tous les nutriments, très sensibles à la lumière et à la chaleur ;
- les boissons gardées au réfrigérateur quelques heures peuvent changer de couleur en raison de l'oxydation : penser à ajouter des gouttes de jus de citron dans les boissons lors de leur préparation ;
- récupérer manuellement avec une spatule (en arrêtant l'extracteur avant) la pulpe épaisse dans la cuve quand des fruits et légumes épais et crémeux, comme l'avocat, ou bien des légumes cuits sont utilisés. Il est aussi possible d'arroser avec un peu d'eau au cours de l'extraction ;
- les glaçons vont de pair avec les jus et smoothies, pour rafraîchir des fruits et légumes souvent conservés à température ambiante ; de plus, ils augmentent le volume en eau des boissons.

Sommaire

7
Jus

87
Smoothies

166
Boissons végétales

193
Zéro déchet

219
Sorbets, entremets, gâteaux et cie

253
Index

Jus

Les jus fraîchement pressés symbolisent un moment rare de pur bonheur rempli de vitamines, minéraux et fibres ! Pour des jus simples mais parfaitement équilibrés en goût, les jus classiques vont plaire. Les mocktails, eux, sont riches en fruits, gazeux et sans alcool ; les aguas frescas sont des boissons rafraîchissantes tropicales. Pour la forme et le bien-être au quotidien, pourquoi ne pas se booster avec les petits shots, concentrés en vitamines, et les jus de super aliments, riches en nutriments essentiels ? Bref, avec tout cela, comment ne pas aimer les jus ?

Jus classique

pomme carotte gingembre

8/10

5 MIN | 250 ML

146 kcal

1 pomme rouge

3 grosses carottes

7 g de gingembre frais

1. Rincer, peler et évider la pomme. La couper en gros morceaux.

2. Rincer et peler les carottes.

3. Passer les morceaux de pommes, les carottes et le gingembre au filtre JUS. Récupérer le jus dans un grand verre.

4. Remuer délicatement.

Jus classique

fraîcheur verte

5 MIN + 1 NUIT (REPOS) | 250 ML

¼ de citron vert

1 concombre

10 feuilles de menthe
+ pour la décoration

1. Rincer, peler et couper le citron. Le passer au PRESSE-AGRUMES et récupérer le jus dans un grand verre.

2. Rincer et peler le concombre, s'il n'est pas bio ; sinon garder la peau.

3. Passer le concombre et les feuilles de menthe rincées au filtre JUS. Récupérer le jus dans le verre contenant le citron.

4. Remuer délicatement et parsemer de quelques feuilles de menthe.

Jus classique

betterave pomme gingembre

8/10

5 MIN | 250 ML

1 betterave crue

7 g de gingembre frais

1 pomme rouge

1. Rincer et peler la betterave et le gingembre.

2. Rincer, peler et évider les pommes. Les couper en gros morceaux.

3. Passer le tout au filtre JUS et récupérer dans un grand verre.

4. Remuer délicatement.

Jus classique

fraise orange ananas

5 MIN | 250 ML

1 orange à jus

260 g d'ananas

4 grosses fraises

1. Rincer et couper l'orange en deux. La passer au filtre **PRESSE-AGRUMES** et récupérer le jus dans un grand verre.

2. Rincer et peler l'ananas, puis retirer la partie dure.

3. Rincer les fraises. Les passer avec l'ananas au filtre **JUS**. Récupérer le jus dans le verre contenant l'orange.

4. Remuer délicatement.

Jus classique

pomme fenouil

5 MIN | 250 ML

2 pommes rouges

1 petit fenouil

1. Rincer, peler et évider les pommes. Les couper en gros morceaux.

2. Rincer et couper le fenouil en quatre.

3. Passer les morceaux de pommes et le fenouil au filtre JUS. Récupérer le jus dans un grand verre.

4. Remuer délicatement.

Jus classique

agrumes ananas coco

5 MIN + 1 NUIT (REPOS) | 250 ML

2 grosses mandarines (ou clémentines)

260 g d'ananas

50 ml d'eau de coco

1. Couper les agrumes en deux et les passer au PRESSE-AGRUMES. Récupérer le jus dans un grand verre.

2. Rincer l'ananas, le peler et retirer la partie dure. Le passer au filtre JUS et récupérer le jus dans le verre contenant les agrumes.

3. Ajouter l'eau de coco et remuer délicatement.

Jus classique

épinard pomme avocat

5 MIN + 1 NUIT (REPOS) | 250 ML

1,5 pomme rouge

45 g de pousses d'épinard

½ avocat mûr

½ citron jaune

1. Rincer et passer le citron au PRESSE-AGRUMES. Récupérer le jus dans un grand verre.

2. Rincer, peler et évider les pommes. Les couper en gros morceaux.

3. Passer les morceaux de pommes, l'épinard et l'avocat au filtre JUS. Récupérer le jus dans le verre contenant le citron.

4. Récupérer le reste de l'avocat dans la cuve avec le bec verseur et remuer délicatement.

Jus classique

banane ananas citron

1 banane mûre

200 g d'ananas

½ petit citron vert

5 MIN + 1 NUIT (REPOS) | 250 ML

1. Rincer et passer le citron au PRESSE-AGRUMES. Récupérer le jus dans un grand verre.

2. Rincer, peler et retirer la partie dure de l'ananas. Le couper en quatre et le passer au filtre JUS. Récupérer le jus dans le verre contenant le citron.

3. Peler la banane et la passer au filtre PULPE. Récupérer la pulpe dans le verre contenant le citron et l'ananas.

4. Remuer délicatement.

Jus classique

fraise carotte orange

5 MIN + 1 NUIT (REPOS) | 250 ML

1 orange à jus

2 grosses carottes

4 grosses fraises

½ avocat mûr

1. Rincer et couper l'orange en deux. La passer au PRESSE-AGRUMES et récupérer le jus dans un grand verre.

2. Rincer les carottes et les fraises. Les passer au filtre JUS avec l'avocat. Récupérer le jus dans le verre contenant l'orange.

3. Récupérer le reste de l'avocat dans la cuve avec le bec verseur et remuer délicatement.

Jus classique

poire kale raisin

5 MIN | 250 ML

¼ de citron jaune

2 poires

2 feuilles de kale

20 grains de raisin blanc

1. Rincer le citron et le passer au **PRESSE-AGRUMES**. Récupérer le jus dans un grand verre.
2. Rincer, peler et évider les poires. Rincer le kale et le couper en gros morceaux.
3. Rincer le raisin et épépiner chaque grain.
4. Passer les poires, le kale et les raisins au filtre **JUS**. Récupérer le jus dans le verre contenant le citron.
5. Remuer délicatement.

Peps

carotte pamplemousse

1 pamplemousse rose

3 carottes

5 MIN | 250 ML

1. Couper le pamplemousse en deux et le passer au **PRESSE-AGRUMES**. Récupérer le jus dans un grand verre.

2. Rincer et peler les carottes, puis les passer dans le filtre **JUS**. Récupérer le jus dans le verre contenant le pamplemousse.

3. Remuer délicatement.

Peps

betterave myrtille

5 MIN | 250 ML

2 pommes rouges

2 petites betteraves crues

½ barquette de myrtilles + pour la décoration

2 tiges de menthe fraîche + pour la décoration

1. Rincer, peler et évider les pommes, puis les couper en gros morceaux.

2. Rincer les betteraves et les couper en morceaux.

3. Rincer les myrtilles et les feuilles de menthe. Passer tous les ingrédients dans le filtre JUS et récupérer le jus dans un grand verre.

4. Remuer délicatement. Vous pouvez parsemer quelques feuilles de menthe ainsi que quelques myrtilles.

Peps

citron gingembre

5 MIN | 250 ML

¼ de citron

6 g de gingembre frais

1 bâton de citronnelle

150 ml d'eau de coco

1. Rincer le citron, le peler et le couper en deux. Le presser avec le **PRESSE-AGRUMES**. Récupérer le jus dans un grand verre.

2. Éplucher le gingembre. Rincer et couper la citronnelle en gros morceaux. Les passer au filtre **JUS**. Récupérer le jus dans le verre contenant le citron. Ajouter l'eau de coco.

3. Remuer délicatement.

Il est possible d'ajouter un filet de miel ou de sirop d'agave pour adoucir ce jus.

Peps

poire kaki

1,5 poire

1 gros kaki

5 MIN | 250 ML

1. Rincer et peler les poires. Les évider. Rincer et couper le kaki en deux puis le couper en gros morceaux.

2. Passer les deux fruits au filtre JUS. Récupérer le jus dans un grand verre.

3. Remuer délicatement.

Juice 3
EXPERT
magimix

Peps

ACE

5 MIN | 250 ML

1 orange à jus

½ orange sanguine

½ citron

4 carottes

5 g de gingembre frais

1. Couper les agrumes en deux et les passer les uns après les autres au filtre PRESSE-AGRUMES. Récupérer le jus dans un grand verre.

2. Rincer et peler les carottes ainsi que le gingembre. Les passer au filtre JUS et récupérer le jus dans le verre contenant les agrumes.

3. Remuer délicatement.

Peps

pastèque betterave

5 MIN | 250 ML

130 kcal

1 betterave crue

300 g de pastèque

1. Rincer puis peler la betterave.
La couper en quatre.

2. Rincer et enlever la peau de la pastèque.

3. Passer les fruits au filtre JUS.
Récupérer le jus dans un grand verre.

4. Remuer délicatement.

Peps

pomme kiwi

5 MIN | 250 ML

1,5 pomme verte Granny-Smith

1 kiwi

1. Rincer, peler et évider les pommes.

2. Peler le kiwi et le couper en deux.

3. Passer le kiwi à l'EXTRA-PRESS et les pommes au filtre JUS. Récupérer les jus dans un grand verre.

4. Remuer délicatement.

Peps

Passion coco

5 MIN | 250 ML

1 fruit de la Passion

½ mangue mûre

50 ml d'eau de coco

1. Rincer et couper le fruit de la Passion en deux. Récupérer la pulpe.

2. Rincer et couper la mangue en deux. L'éplucher et la couper en gros morceaux.

3. Passer les deux fruits au filtre JUS. Récupérer les jus dans un grand verre.

4. Ajouter l'eau de coco et remuer délicatement.

Peps

thé vert fruit du dragon

5 MIN | 250 ML

50 ml de thé vert

½ citron vert

½ gros fruit du dragon

1. Préparer le thé vert et laisser infuser 1 à 2 minutes maximum. Laisser refroidir à température ambiante puis au réfrigérateur.

2. Rincer et presser le citron au PRESSE-AGRUMES. Récupérer le jus dans un grand verre.

3. Rincer, peler et couper le fruit du dragon en gros morceaux. Le passer au filtre JUS. Récupérer le jus dans le verre contenant le citron.

4. Ajouter le thé et remuer délicatement.

Peps

ananas papaye

5 MIN | 250 ML

150 g d'ananas

300 g de papaye

¼ de citron vert

1. Couper l'ananas et la papaye rincée et pelée en morceaux. Les passer au filtre **JUS**. Récupérer le jus dans un grand verre.

2. Couper le citron et le passer au **PRESSE-AGRUMES**. Récupérer le jus dans le verre contenant l'ananas et la papaye.

3. Remuer délicatement.

Jus détox

kale banane

5 MIN | 250 ML

150 ml de thé vert

½ banane mûre

Une poignée de chou kale

130 g de raisin blanc

1. Préparer le thé vert et laisser infuser 1 à 2 minutes maximum. Laisser refroidir à température ambiante puis au réfrigérateur.

2. Peler la banane et la passer à l'EXTRA-PRESS. Récupérer dans un grand verre.

3. Rincer le kale et le raisin. Couper le kale en lamelles.

4. Passer au filtre JUS le chou et le raisin. Récupérer le jus dans le verre contenant la banane. Ajouter le thé.

5. Remuer délicatement.

Jus détox

basilic pamplemousse

5 MIN | 250 ML

1 gros pamplemousse

¼ de tête de brocoli

5 brins de basilic rincés

7 g de gingembre frais

1. Éplucher le pamplemousse et le couper en deux. Le passer au PRESSE-AGRUMES et récupérer le jus dans un grand verre.

2. Rincer le brocoli et le basilic. Éplucher le tronçon de gingembre.

3. Passer au filtre JUS le brocoli, le gingembre et le basilic, puis ajouter un peu de jus de pamplemousse pour rincer la cuve. Récupérer le jus dans un grand verre. Verser le reste du jus de pamplemousse.

4. Remuer délicatement.

Jus détox

pomme avocat

5 MIN | 250 ML

1 grosse pomme rouge

¼ de citron

5 brins de coriandre

½ avocat mûr

1 Rincer, peler et évider la pomme. La couper en quartiers.

3 Peler et couper le citron en quatre. Passer un des morceaux au **PRESSE-AGRUMES**. Récupérer le jus dans un grand verre.

3 Rincer la coriandre et la passer, avec le demi-avocat, dans le filtre **PULPE**. Récupérer le jus dans le verre contenant le jus de citron.

4 Passer au filtre **JUS** les quartiers de pomme et récupérer le jus dans le verre contenant les ingrédients précédents.

5 Remuer délicatement.

Jus détox

radis coco framboise

5 MIN | 250 ML

40 g de radis noir pas trop fort

80 g de framboises

170 ml d'eau de coco

1. Rincer, éplucher et couper le radis en gros morceaux.
2. Rincer les framboises et les passer à l'EXTRA-PRESS. Récupérer le jus dans un grand verre.
3. Passer le radis au filtre JUS, récupérer le jus dans le verre contenant les framboises et ajouter l'eau de coco.
4. Remuer délicatement.

Jus détox

betterave curcuma raisin

5 MIN | 250 ML

110kcal

1 betterave crue

1 poignée de pousses d'épinard rincées

100 g de raisin blanc et/ou noir

1 pincée de curcuma en poudre

1. Éplucher la betterave et la couper en quatre.

2. Passer au **PULPE/EXTRA PRESS** les épinards et les raisins. Récupérer le jus dans un grand verre.

3. Utiliser le filtre **JUS** pour les morceaux de betterave. Récupérer le jus dans le verre contenant le mélange précédent.

4. Ajouter le curcuma puis remuer délicatement.

KILNER
EST 1842

Jus détox

navet pomme

5 MIN | 250 ML

100 ml de thé vert

½ navet

1 pomme Golden

¼ de citron

4 brins de persil

1. Préparer le thé vert et laisser infuser de 1 à 2 minutes maximum. Laisser refroidir à température ambiante puis au réfrigérateur.

2. Rincer et couper le navet et le citron. Passer le citron au **PRESSE-AGRUMES** et récupérer le jus dans un grand verre.

3. Passer au filtre **JUS** la pomme, le persil et le navet. Récupérer le jus dans le verre contenant le citron. Ajouter le thé vert.

4. Remuer délicatement.

Jus détox

poire gingembre

5 MIN | 250 ML

1 branche de céleri

2 poires

7 g de gingembre frais

½ petit citron vert

1. Rincer le céleri, les poires, le gingembre et le citron. Éplucher le gingembre, le citron et les poires.

2. Couper le demi-citron en deux et le presser au PRESSE-AGRUMES. Récupérer le jus dans un grand verre.

3. Évider les poires. Passer au filtre JUS le céleri, le gingembre et les poires. Récupérer le jus dans le verre contenant le citron.

4. Remuer délicatement.

Jus détox

roquette mangue citron

1 poignée de roquette

½ petit citron vert

½ mangue mûre

5 MIN | 250 ML

1. Éplucher la demi-mangue et la couper en morceaux.
2. Rincer et couper le demi-citron, puis le passer au PRESSE-AGRUMES. Récupérer le jus dans un grand verre.
3. Rincer la roquette et la passer à l'EXTRA-PRESS, avec la mangue.
4. Remuer délicatement.

Jus détox

pomme fenouil coriandre

5 MIN | 250 ML

1 pomme Granny Smith

½ fenouil

4 gros brins de coriandre

1. Rincer la pomme, le fenouil et la coriandre.

2. Éplucher la pomme, l'évider et la couper en morceaux.

3. Passer au filtre JUS la coriandre, le fenouil et la pomme. Récupérer le jus dans un grand verre.

4. Remuer délicatement.

Jus détox

pomme cresson

5 MIN | 250 ML

½ concombre bio

¼ de citron

2 grosses pommes rouges

30 g de cresson frais sans les tiges

1. Rincer les fruits et légumes. Couper le concombre en deux, peler le citron et le couper en quatre, puis éplucher et évider la pomme.

2. Presser le jus d'un morceau de citron au PRESSE-AGRUMES. Récupérer le jus dans un grand verre.

3. Utiliser le filtre JUS pour le concombre, le cresson et la pomme. Récupérer le jus dans le verre contenant le citron.

4. Remuer délicatement.

Superjus

carotte argousier

5 MIN | 150 ML

¼ de citron

4 carottes

1 c. à soupe de jus d'argousier

1 Peler et couper le citron. Le passer au PRESSE-AGRUMES et récupérer le jus dans un verre.

2 Rincer et peler les carottes, puis les passer au filtre JUS. Récupérer le jus dans le verre contenant le citron.

3 Ajouter le jus d'argousier et remuer délicatement.

Le jus d'argousier se trouve en magasins bio.

Superjus

matcha exotique

5 MIN | 150 ML

¼ de citron

½ banane mûre

100 ml d'eau de coco

½ c. à café de thé matcha

1. Couper le citron et le passer au PRESSE-AGRUMES. Récupérer le jus dans un verre.

2. Peler la banane et la passer à l'EXTRA PRESS. Verser en même temps l'eau de coco.

3. Ajouter le matcha, volatil, avec précaution, et remuer délicatement.

Superjus

pomme spiruline

5 MIN | 150 ML

1,5 pomme

1 c. à café de spiruline en poudre

1. Rincer, peler et évider les pommes. Passer les morceaux au filtre JUS et récupérer le jus dans un verre.

2. Ajouter la spiruline, volatile, avec précaution, et remuer délicatement.

La spiruline se trouve en magasins bio.

Superjus

framboise açaï

5 MIN | 150 ML

80 g de framboises

150 ml d'eau de coco

1 c. à café d'açaï en poudre

1. Rincer les framboises et les passer à l'**EXTRA PRESS**. Récupérer le jus dans un verre.

2. Ajouter l'eau de coco et l'açaï, puis remuer délicatement.

L'açaï en poudre se trouve en magasins bio.

Superjus

grenade maca

5 MIN | 150 ML

½ mangue mûre

¼ de grenade

1,5 c. à café de maca en poudre

1. Rincer et peler la mangue. La couper en morceaux et la passer à l'**EXTRA PRESS**. Récupérer le jus dans un verre.
2. Récupérer les graines de la grenade et les passer au filtre **JUS**. Récupérer le jus dans le verre contenant la mangue.
3. Ajouter la maca et remuer délicatement.

Le maca en poudre se trouve en magasins bio.

Superjus

raisin chanvre

5 MIN | 150 ML

200 g de raisin blanc

1 c. à café de graines de chanvre décortiquées

1 Rincer le raisin et les passer à l'EXTRA PRESS. Récupérer le jus dans un verre.

2 Ajouter les graines de chanvre dans le verre et remuer délicatement.

Les graines de chanvre se trouvent en magasins bio.

Superjus

orange curcuma

5 MIN | 150 ML

2 petites oranges à jus

1. Rincer, peler et couper les oranges en deux. Les passer au PRESSE-AGRUMES. Récupérer le jus dans un verre.

7 g de gingembre frais

2. Rincer, peler et passer le gingembre au filtre JUS. Verser un peu de jus d'orange pour aider à l'extraction du gingembre. Récupérer le jus dans un verre.

1 pincée de curcuma en poudre

3. Verser le jus d'orange dans le second verre. Ajouter le curcuma et remuer délicatement.

Superjus

ananas goji

5 MIN + 10 MIN (REPOS) | 150 ML

230 g d'ananas

50 ml d'eau

2 c. à soupe de baies de goji séchées

1. Éplucher l'ananas et retirer la partie dure. Le couper en morceaux.
2. Porter l'eau à ébullition et la verser sur les baies de goji pour les réhydrater. Laisser tremper 10 minutes minimum.
3. Passer les baies et l'ananas à l'EXTRA PRESS. Récupérer le jus dans un verre.
4. Remuer délicatement.

Les baies de goji se trouvent en magasins bio.

Superjus

betterave chia

5 MIN | 150 ML

1 betterave

30 g de framboises

1 c. à café de graines de chia

1. Rincer, peler et couper la betterave en gros morceaux. Les passer au filtre **JUS** et récupérer le jus dans un verre.

2. Rincer les framboises et les passer à l'**EXTRA PRESS**. Récupérer le jus dans le verre contenant la betterave.

3. Ajouter les graines de chia dans le verre puis remuer délicatement.

Les graines de chia se trouvent en magasins bio.

Superjus
ananas brocoli

5 MIN | 150 ML

1 poire mûre

125 g d'ananas

110 g de brocoli

1. Rincer, peler et évider la poire.

2. Éplucher l'ananas, retirer la partie dure et le passer, avec la poire et le brocoli rincé, au filtre JUS. Récupérer le jus dans un verre.

3. Remuer délicatement.

Shot concentré

pomme gingembre

5 MIN + 1 NUIT (REPOS) | 50 ML

½ pomme rouge

5 g de gingembre frais

1. Rincer, peler et évider la pomme. La couper en morceaux.

2. Passer la pomme au filtre **JUS** en alternant avec le gingembre pelé et coupé en deux. Récupérer le jus dans un petit verre.

3. Remuer délicatement.

Shot concentré

kale pomme

5 MIN | 50 ML

½ pomme rouge

25 g de chou kale

1 pincée de curcuma en poudre

1. Rincer, peler et évider la pomme. La couper en morceaux.
2. Passer la pomme au filtre JUS en alternant avec les feuilles de kale rincées. Récupérer le jus dans un petit verre.
3. Ajouter le curcuma et remuer délicatement.

Shot concentré

pamplemousse menthe

5 MIN | 50 ML

½ pamplemousse rose

2 tiges de menthe fraîche effeuillées

5 g de gingembre frais

1. Rincer, peler et couper le pamplemousse en morceaux.
2. Le passer au filtre JUS avec les feuilles de menthe rincées et le gingembre pelé. Récupérer le jus dans un petit verre.
3. Remuer délicatement.

Shot concentré

brocoli grenade

4 c. à soupe de graines de grenade

¼ de tête de brocoli

1 pincée de piment d'Espelette moulu

5 MIN | 50 ML

1. Récupérer les graines de grenade.
2. Passer au filtre JUS le brocoli rincé et les graines de grenade. Récupérer dans un petit verre.
3. Ajouter le piment et remuer délicatement.

Shot concentré

citron curcuma

5 MIN | 50 ML

½ citron

1 pincée de curcuma
en poudre

1 Rincer, peler et couper le citron. Le passer au PRESSE-AGRUMES. Récupérer le jus dans un petit verre.

2 Ajouter le curcuma et remuer délicatement.

Shot concentré

pamplemousse thym

5 MIN | 50 ML

½ pamplemousse rose

2 tiges de thym frais effeuillées

1. Rincer, peler et couper le pamplemousse en morceaux.

2. Le passer au filtre JUS avec les feuilles de thym rincées. Récupérer le jus dans un petit verre.

3. Remuer délicatement.

Shot concentré

betterave goji

15 MIN | 80 ML

25 ml d'eau

1 c. à soupe de baies de goji séchées

10 grains de raisin noir

1 petite betterave crue

1. Porter de l'eau à ébullition et, hors du feu, faire tremper les baies de goji. Les laisser se réhydrater pendant 10 minutes au minimum.

2. Passer les baies avec leur eau à l'EXTRA PRESS avec le raisin. Récupérer le jus dans un petit verre.

3. Rincer et couper la betterave. La passer au filtre JUS. Récupérer le liquide dans le verre contenant le jus de goji-raisin.

4. Remuer délicatement.

Shot concentré

kumquat estragon

5 MIN | 50 ML

150 g de kumquats

5 tiges d'estragon

1. Peler les kumquats.

2. Les passer au filtre JUS en alternant avec l'estragon rincé. Récupérer le jus dans un petit verre.

3. Remuer délicatement.

Shot concentré

kiwi chou-rave

1 petit chou-rave

1 kiwi

5 g de gingembre frais

5 MIN | 60 ML

1. Rincer et peler le chou-rave ainsi que le kiwi. Les couper en morceaux.
2. Les passer au filtre JUS avec le gingembre pelé. Récupérer le jus dans un petit verre.
3. Remuer délicatement.

Shot concentré

pomme mâche

5 MIN | 50 ML

¼ de citron

½ pomme rouge

40 g de mâche

1. Rincer, peler et couper le citron. Le passer au **PRESSE-AGRUMES** et récupérer le jus dans un petit verre.

2. Rincer, peler et évider la pomme. La couper en morceaux.

2. La passer au filtre **JUS** avec la mâche rincée. Récupérer le liquide dans le verre contenant le citron.

4. Remuer délicatement.

Agua fresca

pastèque citron vert

5 MIN + 1 NUIT (REPOS) | 800 ML

1 citron vert lavé + ½ citron vert lavé et coupé en fines rondelles, pour la déco

700 g de pastèque coupée en tranches, sans peau (soit environ 500 ml de jus)

300 ml d'eau minérale

30 ml de sirop d'agave ou de miel d'acacia liquide (facultatif)

Glaçons

1. Couper le citron vert en deux. Le presser avec le **PRESSE-AGRUMES** et récupérer le jus dans un saladier.

2. Passer au filtre **JUS** la pastèque puis ajouter l'eau. Verser, le cas échéant, le produit sucrant et remuer délicatement.

3. Pour plus de fraîcheur, ajouter des glaçons et les rondelles de citron vert. Boire immédiatement pour profiter des bienfaits des fruits.
Se conserve au réfrigérateur pendant 24 heures maximum.

Pour les « puristes », on peut filtrer les fibres du jus avant d'ajouter l'eau. Toutefois, les fibres sont indispensables pour l'organisme, à la fois pour éviter les pics de glycémie mais aussi pour la digestion ; je conseille donc de les garder.

Agua fresca

litchi coco

5 MIN | 800 ML

330 g de litchi,
en conserve

1 c. à soupe de noix
de coco râpée

500 ml d'eau minérale
plate ou pétillante

1 à 2 c. à soupe
de sirop d'agave
ou de miel d'acacia
liquide (facultatif)

½ citron vert lavé et coupé
en fine rondelles

Glaçons

1. Passer les litchis à l'**EXTRA PRESS** et récupérer le jus dans un saladier.

2. Verser l'eau et, le cas échéant, le produit sucrant. Ajouter la noix de coco et remuer délicatement.

3. Pour plus de fraîcheur, ajouter des glaçons et les rondelles de citron vert.
Boire immédiatement pour profiter des bienfaits des fruits.
Se conserve au réfrigérateur pendant 24 heures maximum.

Agua fresca

hibiscus grenade

5 MIN + 1 H (REPOS) | 800 ML

2 cuillerées à soupe de fleurs d'hibiscus séchées

700 ml d'eau minérale

60 ml de sirop d'agave ou de miel d'acacia liquide

½ grenade (100 g de graines)

3 brins de menthe fraîche rincés

Glaçons

1. Dans une grande casserole, verser les fleurs séchées, l'eau et le produit sucrant. Porter à ébullition et laisser frémir pendant 2 minutes. Filtrer les fleurs avec un chinois. Laisser refroidir à température ambiante puis au réfrigérateur pendant 1 heure.

2. Récupérer les graines de grenade et les placer dans le filtre **JUS**. Récupérer le jus dans un grand verre.

3. Sortir l'infusion d'hibiscus du réfrigérateur et ajouter les feuilles de menthe ainsi que le jus de grenade. Remuer délicatement.

4. Pour plus de fraîcheur, ajouter des glaçons. Boire immédiatement pour profiter des bienfaits des fruits. Se conserve au réfrigérateur pendant 24 heures maximum.

Les fleurs d'hibiscus se trouvent dans les magasins bio ou en herboristeries.

Agua fresca

mangue passion

5 MIN | 800 ML

1 mangue mûre de 500 g, poids épluchée (soit environ 300 ml de jus)

2 fruits de la Passion

400 ml d'eau minérale plate ou pétillante

Glaçons

1. Éplucher et couper la mangue en morceaux.

2. Couper les fruits de la Passion et vider la pulpe dans un petit verre.

3. Passer les morceaux de mangue à l'**EXTRA PRESS** et récupérer le jus dans un saladier.

4. Passer au filtre **JUS** la pulpe des fruits de la Passion puis ajouter l'eau et remuer délicatement. Pour plus de fraîcheur, ajouter des glaçons.
Boire immédiatement pour profiter des bienfaits des fruits.
Se conserve au réfrigérateur pendant 24 heures maximum.

Agua fresca

papaye citron vert

5 MIN | 800 ML

600 g de papaye mûre

1 citron vert

7 g de gingembre frais épluché

500 ml d'eau minérale

1 c. à soupe de sirop d'agave ou de miel d'acacia liquide (facultatif)

1. Éplucher la papaye et enlever les graines. La couper en gros morceaux.

2. Couper le citron vert en deux et le passer au **PRESSE-AGRUMES**. Récupérer le jus dans un saladier.

3. Passer le gingembre au filtre **JUS** puis arroser avec un peu d'eau pour mieux extraire le jus de la cuve.

4. Passer à l'**EXTRA PRESS** les morceaux de papaye et récupérer le jus.

5. Ajouter l'eau, le produit sucrant, le cas échéant, et remuer délicatement. Pour plus de fraîcheur, ajouter des glaçons. Boire immédiatement pour profiter des bienfaits des fruits. Se conserve au réfrigérateur pendant 24 heures maximum.

Mocktail

fraise menthe

5 MIN | 200 ML

½ citron vert

4 fraises

150 ml d'eau pétillante

1 c. à café de sirop d'agave ou de sucre de canne (facultatif)

2 tiges de menthe fraîche

Glaçons

1. Rincer et couper le citron. Le passer au **PRESSE-AGRUMES** et récupérer le jus dans un grand verre.

2. Rincer les fraises et les passer au filtre **JUS** avec un peu d'eau pétillante. Récupérer le liquide dans le verre contenant le citron.

3. Ajouter le sirop ou le sucre, le cas échéant, ainsi que la menthe, puis parsemer quelques zestes du citron.

4. Ajouter le reste de l'eau pétillante ainsi que quelques glaçons, et remuer délicatement.

Mocktail

rhubarbe pêche

5 MIN | 200 ML

50 g de rhubarbe rose

½ pêche

150 ml de limonade

Glaçons

1. Rincer la rhubarbe et la pêche, puis les couper en morceaux.

2. Passer les fruits au filtre **JUS** et récupérer le liquide dans un grand verre.

3. Ajouter la limonade et les glaçons, puis remuer délicatement.

Mocktail

litchi airelle

5 MIN | 200 ML

8 litchis en conserve

1 c. à soupe d'airelles

150 ml d'eau pétillante

2 c. à café de sirop d'agave (facultatif)

1 tige de thym (ou autre herbe fraîche)

Glaçons

1. Passer les fruits au filtre JUS. Récupérer le jus dans un grand verre.

2. Ajouter l'eau, le sirop, le cas échéant et le thym.

3. Ajouter les glaçons et remuer délicatement.

Mocktail

Passion fraise

5 MIN | 200 ML

1 fruit de la Passion

2 fraises

150 ml de ginger ale

Glaçons

1. Rincer et couper le fruit de la Passion en deux. Récupérer la pulpe.

2. Passer la pulpe du fruit de la Passion au filtre JUS et récupérer le jus dans un grand verre.

3. Rincer les fraises et les passer à l'EXTRA PRESS. Récupérer le jus dans le verre contenant le fruit de la Passion.

4. Ajouter le ginger ale et les glaçons, puis remuer délicatement.

Mocktail

pamplemousse citron

¼ de pamplemousse rose

6 tiges de coriandre + pour la décoration

100 ml de ginger ale

1 c. à. café de sirop d'agave (facultatif)

Quelques tranches de citron vert, pour la décoration

Glaçons

5 MIN | 200 ML

1. Rincer le pamplemousse et prélever les suprêmes avec un couteau aiguisé.
2. Passer les suprêmes au filtre **JUS** avec la coriandre rincée, en alternant régulièrement. Récupérer le jus dans un grand verre.
3. Ajouter le ginger ale, le sirop, le cas échéant, ainsi que les tranches de citron et les glaçons.
4. Remuer délicatement.

Mocktail

ananas coco

350 g d'ananas

1 bâton de citronnelle

50 ml de lait de coco

Glaçons

5 MIN | 200 ML

1. Rincer, peler et couper l'ananas en morceaux.

2. Passer au filtre **JUS** les morceaux d'ananas et la citronnelle rincée en alternant régulièrement. Récupérer le jus dans un grand verre.

3. Ajouter le lait de coco et les glaçons, puis remuer délicatement.

Mocktail

mangue myrtille

5 MIN | 200 ML

¼ de mangue mûre

8 grosses feuilles
de basilic
+ pour la décoration

100 ml de ginger ale

Quelques myrtilles,
pour la décoration

Glaçons

1. Rincer, couper et peler la mangue. La couper en morceaux.
2. Passer la mangue à l'EXTRA PRESS avec le basilic. Récupérer le jus dans un grand verre.
3. Ajouter le ginger ale, les myrtilles, le basilic et les glaçons.
4. Remuer délicatement.

Mocktail

cerise hibiscus

5 MIN + 15 MIN (REPOS) | 200 ML

1 c. à café de fleurs d'hibiscus

50 ml d'eau pétillante

7 cerises griottes dénoyautées

100 ml de ginger ale

1 tranche de piment vert moyennement fort

2 rondelles de citron vert, pour la décoration

Glaçons

1. Faire infuser l'hibiscus dans l'eau pétillante pendant 5 minutes.

2. Rincer les cerises, les dénoyauter et les passer à l'EXTRA PRESS. Récupérer le jus dans un grand verre.

3. Ajouter le ginger ale, l'eau infusée à l'hibiscus, le piment, les rondelles de citron rincé et les glaçons. Laisser infuser pendant 10 minutes.

4. Remuer délicatement et retirer le piment.

Mocktail

concombre jasmin

5 MIN + 1 H (REPOS) | 200 ML

100 ml de thé au jasmin

110 g de concombre bio + quelques fines lamelles, pour la décoration

1 bâton de citronnelle

Glaçons

1. Faire frémir 100 ml d'eau et laisser infuser le thé au jasmin pendant environ 1 minute. Laisser refroidir à température ambiante puis au réfrigérateur pendant 1 heure.

2. Rincer le concombre et la citronnelle, puis les passer au filtre JUS en alternant régulièrement. Récupérer le liquide dans un grand verre.

3. Ajouter le thé et les glaçons, puis remuer délicatement.

Smoothies

Les smoothies sont de véritables délices, irrésistibles grâce à leurs notes fruitées. En hiver, ils constituent le mariage parfait des fruits et des légumes. Tout est possible : un smoothie santé pour vaincre l'hiver ou un smoothie gourmand pour changer du petit déjeuner classique. Profiter de son onctuosité grâce aux fibres est un réel avantage côté nutritionnel et donne une meilleure sensation de satiété.

Smoothie évasion

matcha litchi papaye

10 MIN | 250 ML

70 g de papaye

1 banane

2 c. à soupe de jus de citron

½ c. à café de thé matcha

½ c. à café de graines de chia

5 litchis en conserve

Glaçons

1. Rincer, peler et couper la papaye en gros morceaux.
2. Peler la banane et la couper en quatre.
3. Presser le citron à la main, récupérer le jus dans un bol et ajouter le matcha et les graines de chia. Mélanger et verser dans un grand verre.
4. Passer la banane, les litchis puis la papaye à l'EXTRA PRESS. Récupérer les purées dans le verre.
5. Ajouter des glaçons et déguster avec une grosse paille ou à la cuillère.

Smoothie évasion

datte banane café

10 MIN + 10 MIN (REPOS) | 250 ML

4 dattes Medjool

1 banane

150 ml de lait d'amande

1 expresso serré

1 pincée de cannelle

Glaçons

1. Faire tremper les dattes dénoyautées dans un bol d'eau frémissante. Laisser reposer 10 minutes.
2. Peler la banane et la couper en quatre.
3. Passer la banane puis les dattes égouttées à l'EXTRA PRESS, suivies du lait d'amande. Récupérer dans un grand verre.
4. Verser l'expresso et saupoudrer de cannelle.
5. Ajouter quelques glaçons et déguster avec une grosse paille ou à la cuillère.

Smoothie évasion

mangue Passion yaourt

10 MIN | 250 ML

½ mangue

1 banane

½ fruit de la Passion

1 dessert végétal
(coco ou nature)

½ c. à café de spiruline
en poudre

4 c. à. soupe de granola

Glaçons

1. Rincer, peler et trancher la mangue.
2. Peler la banane et la couper en quatre.
3. Rincer et couper le fruit de la Passion. Récupérer la pulpe dans un bol.
4. Verser le dessert végétal et la spiruline dans un grand verre. Ajouter le granola.
5. Passer la banane et la mangue à l'**EXTRA PRESS**. Récupérer la purée dans le verre.
6. Verser la pulpe du fruit de la Passion et les glaçons. Déguster avec une grosse paille ou à la cuillère.

Smoothie évasion

avocat coco

10 MIN | 10 MIN | 250 ML

20 g de perles de tapioca

½ banane

1 avocat

½ petit citron vert

50 ml d'eau

100 ml de lait de coco

1 filet de miel

Glaçons

1. Plonger les perles de tapioca dans de l'eau bouillante et laisser cuire pendant 10 minutes. Égoutter.

2. Peler la banane et la couper en deux. Peler et dénoyauter l'avocat. Prélever la chair.

3. Rincer et couper le citron puis le passer au **PRESSE-AGRUMES** avec le cône jaune. Récupérer le jus dans un grand verre.

4. Passer la banane et l'avocat à l'**EXTRA PRESS** avec l'eau. Récupérer la purée dans le verre contenant le citron. Mélanger.

5. Ajouter le lait de coco, le miel et les perles de tapioca. Mélanger de nouveau.

6. Ajouter quelques glaçons et déguster avec une grosse paille ou à la cuillère.

Smoothie évasion

papaye gingembre

10 MIN | 250 ML

½ c. à café de gingembre frais

1 grosse banane

200 g de papaye

½ petit citron vert

1 filet de miel

Glaçons

1. Éplucher le gingembre et le râper.

2. Peler la banane et la couper en deux. Rincer et peler la papaye. Retirer les graines et couper la chair en morceaux.

3. Rincer et couper le citron puis le passer au **PRESSE-AGRUMES** avec le cône jaune. Récupérer le jus dans un grand verre. Ajouter le gingembre.

4. Passer la banane et la papaye à l'**EXTRA PRESS** avec un peu d'eau. Récupérer la purée dans le verre contenant le citron, ajouter le miel et mélanger.

5. Ajouter quelques glaçons et déguster avec une grosse paille ou à la cuillère.

Smoothie évasion

banane grenade

10 MIN | 250 ML

1 grosse banane

½ grenade

½ barquette de myrtilles

1 c. à café de tahin

1 pincée de cannelle

1 filet de miel

Glaçons

1. Peler la banane et la couper en deux. Rincer et couper la grenade. Prélever les graines et réserver dans un bol.
2. Passer la banane et les myrtilles rincées à l'EXTRA PRESS. Récupérer la purée dans un grand verre.
3. Ajouter le tahin et le miel dans le verre. Mélanger.
4. Passer les graines de grenade au filtre JUS. Récupérer le liquide dans le verre contenant le mélange banane-myrtille.
5. Saupoudrer de cannelle, ajouter quelques glaçons et déguster avec une grosse paille ou à la cuillère.

On trouve du tahin (ou purée de sésame) dans les magasins bio.

Smoothie évasion

melon grenade

10 MIN | 10 MIN | 250 ML

20 g de perles de tapioca

¼ de melon

½ grenade

1 filet de miel

Glaçons

1. Plonger les perles de tapioca dans de l'eau bouillante et laisser cuire pendant 10 minutes. Égoutter.
2. Rincer et couper le quart de melon en deux. Retirer les pépins et la peau, puis couper la chair en gros morceaux.
3. Rincer et couper la grenade. Prélever les graines et réserver dans un bol.
4. Passer le melon à l'EXTRA PRESS. Récupérer la purée dans un grand verre.
5. Passer les graines de grenade au filtre JUS. Récupérer le liquide dans le verre contenant le melon.
6. Ajouter les perles de tapioca et le miel, puis mélanger.
7. Ajouter quelques glaçons et déguster avec une grosse paille ou à la cuillère.

Smoothie évasion

fruit du dragon framboise

10 MIN | 250 ML

140kcal

½ fruit du dragon
+ quelques fines tranches
pour la décoration

1 filet de miel

1 grosse banane

½ barquette
de framboises
+ quelques framboises
pour la décoration

Glaçons

1. Rincer, peler et couper le fruit du dragon. Prélever la chair et la couper en morceaux.

2. Passer le fruit du dragon à l'EXTRA PRESS. Récupérer la purée dans un grand verre. Récupérer les graines dans le filtre et les ajouter au contenu du verre avec le miel. Mélanger.

3. Peler la banane et la couper en quatre. Passer la banane à l'EXTRA PRESS en alternant avec les framboises rincées. Récupérer la purée dans le verre contenant le fruit du dragon.

4. Décorer le verre avec quelques framboises et de fines tranches de fruit du dragon.

5. Ajouter quelques glaçons et déguster avec une grosse paille ou à la cuillère.

Smoothie évasion

coco fraise ananas

125 g d'ananas

125 g de fraises

25 ml de lait de coco

1 filet de sirop d'agave

Glaçons

10 MIN | 250 ML

1. Éplucher et couper l'ananas en gros morceaux en retirant le cœur.

2. Passer les fraises rincées et équeutées avec l'ananas à l' **EXTRA PRESS**. Récupérer la purée dans un grand verre.

3. Ajouter le lait de coco et le sirop d'agave, puis mélanger.

4. Ajouter quelques glaçons et déguster avec une grosse paille ou à la cuillère.

Smoothie douceur

banane pêche fenouil

5 MIN | 250 ML

(150 kcal)

½ fenouil

1 pêche ou 1 nectarine

1 banane

1. Rincer et couper le fenouil en morceaux.

2. Rincer et couper la pêche en morceaux.

3. Peler la banane et la passer, avec les morceaux de pêche, à l'EXTRA PRESS. Récupérer la purée dans un grand verre.

4. Passer le fenouil au filtre JUS. Récupérer le liquide dans le verre contenant la pêche et la banane.

5. Remuer délicatement.

Smoothie douceur

ananas fraise

2 tranches d'ananas

½ orange

10 fraises
+ pour la décoration

1 banane

5 MIN | 250 ML

1. Rincer, éplucher et ôter le cœur de l'ananas. Prélever 2 tranches et les couper en morceaux.

2. Passer la demi-orange pelée au **PRESSE-AGRUMES** avec le cône gris. Récupérer le jus dans un grand verre.

3. Passer les morceaux d'ananas, les fraises rincées et équeutées ainsi que la banane pelée dans le filtre **JUS**. Récupérer le liquide dans le verre contenant le jus d'orange.

4. Remuer délicatement, puis ajouter sur les parois du verre quelques rondelles de fraise.

Smoothie douceur

ananas abricot coco

2 tranches d'ananas

1 abricot

30 ml de lait de coco

5 MIN | 250 ML

1. Rincer, éplucher et ôter le cœur de l'ananas. Prélever 2 tranches et les couper en morceaux.

2. Rincer et couper l'abricot.

3. Passer les morceaux d'ananas et d'abricot à l'EXTRA PRESS. Récupérer le jus dans un grand verre.

4. Ajouter le lait de coco et remuer délicatement.

Smoothie douceur

poire abricot

5 MIN | 250 ML

1 poire

2 abricots

1 yaourt aromatisé coco-vanille

1 c. à café de jus de citron

1. Rincer, peler et évider la poire. La couper en morceaux.
2. Rincer et couper les abricots.
3. Verser le yaourt dans un verre. Passer les morceaux de poire et d'abricots à l'EXTRA PRESS et récupérer le jus dans le verre contenant le yaourt.
4. Ajouter le jus de citron et remuer délicatement.

Smoothie douceur

ananas framboises

2 tranches d'ananas

½ citron vert

½ banane

1 avocat + quelques dés pour la décoration

10 framboises

5 MIN | 250 ML

1. Rincer, éplucher et ôter le cœur de l'ananas. Prélever 2 tranches et les couper en morceaux.
2. Passer le demi-citron vert pelé au **PRESSE-AGRUMES** avec le cône jaune et récupérer le jus dans un grand verre.
3. Peler la banane et éplucher l'avocat. Les couper en morceaux.
4. Passer les morceaux d'ananas, de banane et d'avocat à l'**EXTRA PRESS**, en alternant. Récupérer la purée dans le verre contenant le jus de citron.
5. Remuer délicatement, puis ajouter sur les parois du verre quelques framboises rincées et quelques dés d'avocat.

Smoothie vitaminé

fraise rhubarbe

5 MIN | 250 ML

8 fraises

2 tronçons de rhubarbe

½ orange

1. Rincer et équeuter les fraises. Les passer à l'EXTRA PRESS et récupérer le jus dans un grand verre.

2. Rincer et couper la rhubarbe en morceaux. Les passer au filtre JUS et récupérer le jus dans le verre contenant les fraises.

3. Peler l'orange et la passer au PRESSE-AGRUMES avec le cône gris. Récupérer le liquide dans le verre contenant les jus précédents.

4. Déguster avec une grosse paille.

Smoothie vitaminé

banane nectarine

5 MIN | 250 ML

1 nectarine

1 banane

½ pamplemousse rose

1. Rincer et dénoyauter la nectarine. La couper en morceaux.
2. Peler la banane. La passer avec la nectarine à l'EXTRA PRESS et récupérer la purée dans un grand verre.
3. Peler le pamplemousse et le passer au PRESSE-AGRUMES avec le cône gris. Récupérer le liquide dans le verre contenant la banane et la nectarine.
4. Déguster avec une grosse paille.

Smoothie vitaminé

pomme banane kale

5 MIN | 250 ML

1 banane

1 pomme

1 petite poignée de chou kale

Le jus de ½ citron

1. Peler la banane et la passer à l'EXTRA PRESS. Récupérer la purée dans un grand verre.

2. Rincer, peler et couper la pomme en morceaux. Les passer au filtre JUS en alternant avec le kale. Récupérer le jus dans le verre contenant la banane.

3. Peler le demi-citron et le passer au filtre PRESSE-AGRUMES avec le cône jaune. Récupérer le liquide dans le verre contenant les jus précédents.

4. Déguster avec une grosse paille.

Smoothie vitaminé

agrumes cannelle

5 MIN | 250 ML

1 banane

½ orange

½ pamplemousse

½ citron

1 pincée de cannelle

1. Peler la banane et la passer à l'**EXTRA PRESS**. Récupérer la purée dans un grand verre.

2. Peler l'orange, le pamplemousse et le citron, puis les passer au **PRESSE-AGRUMES** avec le cône jaune. Récupérer le liquide dans le verre contenant la banane.

3. Saupoudrer la cannelle et déguster avec une grosse paille.

Smoothie vitaminé

betterave poire

1 petite betterave

2 petites poires
+ 1 tranche
pour la décoration

½ c. à café de curcuma en poudre

1 tranche de kiwi
pour la décoration

Quelques myrtilles
pour la décoration

5 MIN | 250 ML

1. Rincer, peler et couper la betterave en morceaux. Peler, éplucher et évider les poires, puis les couper en morceaux.
2. Passer les poires à l'EXTRA PRESS. Récupérer le jus dans un grand verre.
3. Passer la betterave au filtre JUS et récupérer le liquide dans le verre contenant les poires.
4. Parsemer le curcuma et insérer la tranche de kiwi sur la paroi du verre. Ajouter les myrtilles et la tranche de poire.
5. Déguster avec une grosse paille.

Smoothie vitaminé

framboise chou

5 MIN | 250 ML

1 banane

½ citron

60 g de chou blanc

12 framboises

1. Peler la banane et la passer à l'**EXTRA PRESS**. Récupérer la purée dans un grand verre.

2. Peler le citron et le passer au **PRESSE-AGRUMES** avec le cône jaune. Récupérer le liquide dans le verre contenant la banane.

3. Rincer le chou et le couper en morceaux. Le passer au filtre **JUS** en alternant avec les framboises rincées. Récupérer le liquide dans le verre contenant les jus précédents.

4. Déguster avec une grosse paille.

Smoothie vitaminé

carotte Passion

5 MIN | 250 ML

3 carottes

1 fruit de la Passion

60 g de chou rouge

½ banane

1. Rincer, éplucher et couper les carottes en grosses rondelles.
2. Rincer et couper le fruit de la Passion. Récupérer la pulpe.
3. Rincer et couper le chou en morceaux.
4. Peler la banane et la passer à l'EXTRA PRESS. Récupérer la purée dans un grand verre.
5. Passer au filtre JUS les autres ingrédients. Récupérer le liquide dans le verre contenant la banane.
6. Déguster avec une grosse paille.

Smoothie vitaminé

orange fruit du dragon

5 MIN | 250 ML

2 oranges

½ petit citron vert

¼ de fruit du dragon

1 tige de menthe fraîche

1. Peler les oranges, les couper en deux et les passer au **PRESSE-AGRUMES** avec le cône gris ainsi que le demi-citron pelé. Récupérer le liquide dans un grand verre.

2. Prélever la chair du fruit du dragon. La passer au filtre **JUS** avec les feuilles de menthe rincées. Récupérer le jus dans le verre contenant les agrumes.

3. Récupérer les graines du fruit du dragon et les feuilles de menthe dans la cuve. Les ajouter au verre.

4. Déguster avec une grosse paille.

Smoothie vitaminé

kiwi poire poivron

5 MIN | 250 ML

1 kiwi

1 poire

½ poivron vert

10 grosses feuilles de menthe

1. Peler le kiwi et le couper en morceaux.
2. Rincer, peler et évider la poire. La couper en morceaux.
3. Rincer, couper et retirer les graines du poivron. Le couper en gros morceaux.
4. Passer la poire et le kiwi à l'EXTRA PRESS. Récupérer le jus dans un grand verre.
5. Passer le poivron et les feuilles de menthe rincées au filtre JUS. Récupérer le liquide dans le verre contenant la poire et le kiwi.
6. Déguster avec une grosse paille.

Smoothie vitaminé

pomme céleri

5 MIN | 250 ML

2 tiges de céleri

1 pomme

½ mangue

1. Rincer les fruits.
2. Couper le céleri en tronçons, peler et évider la pomme, puis peler et trancher la mangue.
3. Passer la demi-mangue à l'EXTRA PRESS. Récupérer la purée dans un grand verre.
4. Passer la pomme et le céleri au filtre JUS. Récupérer le liquide dans le verre contenant la mangue.
5. Déguster avec une grosse paille.

Smoothie vitaminé

kombucha banane

5 MIN | 250 ML

½ citron

7 g de gingembre frais

1 banane

5 fraises

100 ml de kombucha

1. Peler le demi-citron et le passer au filtre **PRESSE-AGRUMES** avec le cône jaune. Récupérer le liquide dans un grand verre.
2. Rincer et peler le gingembre. Le passer au filtre **JUS** et récupérer le liquide dans le verre contenant le citron.
3. Peler la banane et la passer à l'**EXTRA PRESS**. Récupérer la purée dans le verre contenant les jus précédents.
4. Rincer et équeuter les fraises. Les passer à l'**EXTRA PRESS** et récupérer le jus dans le même grand verre.
5. Ajouter le kombucha et déguster avec une grosse paille.

Smoothie vitaminé

carotte curcuma

5 MIN | 250 ML

100 ml de yaourt probiotique

2 carottes

10 brins de coriandre

½ orange

½ c. à café de curcuma en poudre

1. Verser le yaourt dans un grand verre.

2. Rincer, peler et couper les carottes. Les passer avec la coriandre rincée au filtre **JUS**. Récupérer le liquide dans le verre contenant le yaourt. Ajouter le curcuma.

3. Peler l'orange et la passer au **PRESSE-AGRUMES** avec le cône gris. Récupérer le liquide dans le grand verre contenant les jus précédents.

4. Déguster lentement avec une grosse paille.

On trouve des yaourts probiotiques en magasins bio.

Smoothie santé

açaï fraise yaourt

5 MIN | 250 ML

5 fraises + 1 pour la décoration

1 c. à café d'açaï en poudre

2 yaourts probiotiques

1. Rincer et équeuter les fraises

2. Verser un yaourt dans un grand verre. Verser dans un bol le deuxième yaourt et l'açaï ; mélanger. Verser dans le grand verre contenant le premier yaourt.

3. Passer les fraises à l' **EXTRA PRESS**. Récupérer la purée dans le grand verre contenant les yaourts.

4. Ajouter quelques tranches de fraise et déguster avec une grosse paille.

Smoothie santé

pêche miel thym

5 MIN | 250 ML

¼ de mangue

2 pêches

3 brins de thym frais

½ c. à café. de thé matcha

1 filet de miel d'acacia

1. Rincer, peler et trancher la mangue. Rincer, peler et dénoyauter la pêche. La couper en morceaux.

2. Passer les morceaux de mangue et les feuilles de thym rincées à l'EXTRA PRESS. Récupérer la purée dans un grand verre. Ajouter le matcha.

3. Passer les pêches à l'EXTRA PRESS et récupérer la purée dans le verre contenant la mangue.

4. Ajouter le miel et déguster avec une grosse paille.

Smoothie santé

chaï gingembre

5 MIN | 250 ML

5 g de gingembre frais

1 petite tranche
de piment vert mi-doux

1 banane

½ c. à café d'épices chaï

90 ml de boisson
de noisette

1. Rincer et peler le gingembre. Le passer au filtre **JUS** avec le piment et récupérer le liquide dans un grand verre.

2. Peler la banane et la passer à l'**EXTRA PRESS**. Récupérer la purée dans le verre contenant le jus précédent. Ajouter les épices chaï et mélanger.

3. Ajouter la boisson de noisette et déguster avec une grosse paille.

Les épices chaï se trouvent en magasins bio.

Smoothie gourmand

banane beurre de cacahuète

5 MIN | 250 ML

1 grosse banane

3 c. à soupe de flocons d'avoine

12 framboises

1 c. à soupe de beurre de cacahuète

1. Peler et passer la banane à l'EXTRA PRESS. Récupérer la purée dans un grand verre.
2. Ajouter les flocons d'avoine dans le verre.
3. Passer les framboises rincées à l'EXTRA PRESS et récupérer le jus dans le verre contenant la banane et les flocons.
4. Ajouter le beurre de cacahuète et mélanger délicatement.
5. Déguster avec une grosse paille.

Smoothie gourmand

banane mangue datte

5 MIN + 5 MIN (REPOS) | 250 ML

1 biscuit au chocolat ou 1 speculoos

Dattes

½ mangue

½ banane

1 c. à soupe de graines de sésame

50 ml de boisson végétale au choix

1. Émietter finement le biscuit.
2. Dans un bol, recouvrir les dattes dénoyautées d'eau frémissante et laisser reposer pendant 5 minutes.
3. Peler et trancher la mangue. La passer à l'EXTRA PRESS et récupérer la pulpe dans un grand verre. Faire de même avec la banane.
4. Ajouter dans le verre le biscuit émietté et les graines de sésame.
5. Passer les dattes égouttées avec la boisson végétale à l'EXTRA PRESS. Récupérer dans le même verre.
6. Déguster avec une grosse paille.

Smoothie gourmand

pastèque papaye

5 MIN | 250 ML

100 g de pastèque

1 papaye

½ banane

¼ de citron vert

2 c. à café de graines de chia

1. Rincer et éplucher la pastèque et la papaye. Les couper en gros morceaux.
2. Peler et passer la banane à l'**EXTRA PRESS** avec la pastèque et la papaye. Récupérer le jus dans un grand verre.
3. Ajouter le jus de citron pressé à la main dans le verre et mélanger.
4. Verser les graines de chia dans le verre et mélanger.
5. Déguster avec une grosse paille.

Smoothie gourmand

banane cajou datte

5 MIN + 7 H (REPOS) | 250 ML

80 g de noix de cajou

4 dattes Medjool

1 banane

70 ml d'eau

1 c. à soupe de poudre de cacao non sucré

1 filet de sirop d'érable

1. La veille, dans un bol, laisser les noix de cajou couvertes d'eau tremper pendant 7 heures.
2. Dans un autre bol, recouvrir les dattes dénoyautées d'eau frémissante et laisser reposer pendant 5 minutes.
3. Passer les noix de cajou égouttées à l'EXTRA PRESS en alternant avec 70 ml d'eau. Récupérer la boisson végétale dans un grand verre. Ajouter la poudre de cacao et mélanger.
4. Récupérer les résidus de noix de cajou (okara) et mettre dans un bol.
5. Passer la banane et les dattes égouttées à l'EXTRA PRESS. Récupérer la purée dans le verre contenant la boisson végétale.
6. Ajouter l'okara et le sirop dans le verre, puis mélanger.
7. Déguster avec une grosse paille.

Juice EXPERT 3
magimix

Smoothie gourmand

myrtille banane chia

5 MIN | 250 ML

1 barquette de myrtilles

2 bananes

1 c. à café de graines de chia

½ c. à café de graines de sésame

1 filet de miel

Glaçons

1. Rincer les myrtilles. Peler les bananes. Passer les myrtilles avec les bananes à l'EXTRA PRESS. Récupérer la purée dans un grand verre.

2. Ajouter les graines et le miel dans le verre. Mélanger.

3. Ajouter des glaçons et déguster avec une grosse paille.

Smoothie gourmand

banane goji

5 MIN + 5 MIN (REPOS) | 250 ML

3 c. à soupe de baies de goji

1 c. à soupe de jus de citron

1 banane

50 ml de boisson végétale au choix

2 c. à soupe de granola

1. Dans un bol, recouvrir les baies de goji d'eau frémissante et la laisser reposer pendant 5 minutes.

2. Presser le citron à la main et récupérer le jus dans un grand verre.

3. Peler et passer la banane à l'**EXTRA PRESS** et récupérer la purée dans le verre contenant le citron. Mélanger.

4. Passer les baies de goji égouttées à l'**EXTRA PRESS** suivies de la boisson végétale, et récupérer dans le verre contenant le smoothie.

5. Ajouter le granola dans le même verre, puis déguster avec une grosse paille.

Smoothie gourmand

banane potiron datte

10 MIN + 5 MIN (REPOS) | 15 MIN | 250 ML

4 dattes Medjool

130 g de potiron

1 banane

50 ml de boisson de noisette

1 pincée de cannelle

1 c. à café de graines de sésame

1 filet de sirop d'érable

1. Dans un bol, recouvrir les dattes dénoyautées d'eau frémissante et laisser reposer pendant 5 minutes.
2. Éplucher le potiron et retirer les graines. Le couper morceaux et le faire cuire pendant 15 minutes dans une casserole d'eau bouillante. Égoutter et laisser refroidir.
3. Passer la banane à l'EXTRA PRESS. Récupérer la purée dans un grand verre.
4. Passer le potiron et les dattes égouttées à l'EXTRA PRESS. Récupérer la purée dans le verre contenant la banane.
5. Ajouter la cannelle, les graines de sésame et le sirop dans le verre, puis mélanger.
6. Déguster avec une grosse paille.

Smoothie gourmand

poire avocat granola

5 MIN | 250 ML

1 poire

½ fenouil

1 avocat

½ petit citron vert

3 c. à soupe de granola

1. Rincer, peler et évider la poire. La couper en gros morceaux.
2. Rincer et couper le fenouil en gros morceaux.
3. Rincer, couper et dénoyauter l'avocat. Récupérer la chair.
4. Peler et passer le citron au **PRESSE-AGRUMES** avec le cône jaune. Récupérer le jus dans un grand verre.
5. Passer la poire et l'avocat à l'**EXTRA PRESS**. Récupérer la purée dans le verre contenant le citron. Mélanger.
6. Ajouter le granola dans le verre contenant les jus précédents.
7. Passer le fenouil au filtre **JUS** et récupérer le liquide dans le même verre.
8. Déguster avec une grosse paille.

Smoothie gourmand

fraise abricot quinoa

5 MIN | 250 ML

150 g de fraises

1 abricot

1 banane

1 ½ c. à soupe de quinoa soufflé

1. Rincer et équeuter les fraises.
2. Rincer et dénoyauter l'abricot.
3. Passer la banane à l'**EXTRA PRESS**, suivie des fraises et de l'abricot. Récupérer la purée dans un grand verre.
4. Ajouter le quinoa dans le verre contenant le smoothie. Mélanger.
5. Déguster lentement avec une grosse paille.

On trouve le quinoa soufflé en magasin bio.

Smoothie gourmand

chocolat mangue cassis

5 MIN | 250 ML

1 petite mangue

2 boules de glace au cassis

5 amandes

1 carré de chocolat noir

1. Peler et trancher la mangue. La passer à l'EXTRA PRESS. Récupérer la purée dans un grand verre.

2. Ajouter les boules de glace sur la purée de mangue.

3. Concasser les amandes et le chocolat et les parsemer sur le smoothie.

4. Déguster avec une grosse paille ou à la cuillère.

Smoothie gourmand

banane glace vanille

5 MIN | 3 MIN | 250 ML

5 noisettes

1 banane

2 boules de glace
à la vanille

1. Faire revenir à sec les noisettes dans une poêle jusqu'à ce qu'elles soient légèrement grillées. Laisser refroidir et concasser.

2. Peler la banane et la passer à l'EXTRA PRESS. Récupérer la purée dans un grand verre.

3. Ajouter les boules de glace sur la purée de banane.

4. Parsemer les noisettes sur le smoothie et déguster avec une grosse paille ou à la cuillère.

Smoothie gourmand

mangue glace coco

5 MIN | 3 MIN | 250 ML

2 c. à soupe de copeaux de noix de coco

1 petite mangue

1 fruit de la Passion

2 boules de glace à la noix de coco

2 cigarettes russes (nature ou chocolat)

1. Faire revenir à sec les copeaux de noix de coco dans une poêle jusqu'à ce qu'ils blondissent.

2. Peler et trancher la mangue.
Rincer et couper le fruit de la Passion.
Récupérer la chair.

3. Passer la mangue et la pulpe du fruit de la Passion à l'EXTRA PRESS. Récupérer la purée dans un grand verre. Mélanger.

4. Ajouter les boules de glace sur la purée mangue-Passion.

5. Parsemer les copeaux de noix de coco et les biscuits sur le smoothie et déguster avec une grosse paille ou à la cuillère.

juice EXPERT 3
magimix

Smoothie gourmand

crumble pomme

10 MIN | 12 MIN | 250 ML

40 g de farine

30 g de beurre froid

30 g de sucre

1 pincée de cannelle

1,5 pomme
+ quelques rondelles
pour la décoration

1,5 banane

2 c. à café de jus
de citron

1 fraise

1. Mélanger la farine, le beurre, le sucre et la cannelle jusqu'à l'obtention de grosses miettes. Verser dans un plat couvert de papier cuisson et enfourner pour 12 minutes à 180 °C.
2. Rincer, peler et évider les pommes, puis les couper en gros morceaux.
3. Passer les morceaux de pomme et la banane pelée à l'**EXTRA PRESS**. Récupérer la purée dans un grand verre.
4. Ajouter le jus de citron et mélanger.
5. Rincer et équeuter la fraise. Insérer des tranches de fraise sur les parois du verre contenant le smoothie.
6. Parsemer le crumble et quelques rondelles de pomme et déguster avec une grosse paille ou à la cuillère.

Smoothie gourmand

fraise myrtille macaron

5 MIN | 250 ML

200 g de fraises

½ banane

15 myrtilles

1 c. à café de jus de citron

1 macaron

1. Rincer et équeuter les fraises.
2. Passer la banane, les fraises et les myrtilles rincées à l'EXTRA PRESS. Récupérer la purée dans un grand verre.
3. Ajouter le jus de citron et mélanger.
4. Écraser légèrement le macaron et le déposer sur le smoothie.
5. Déguster avec une grosse paille ou à la cuillère.

Smoothie bowl

açaï papaye

5 MIN | 1 BOL

2 yaourts natures

½ banane
+ quelques rondelles
pour la décoration

1 tranche de papaye

2 c. à soupe de poudre d'açaï

1 filet de miel

½ c. à café de graines de chia pour la décoration

½ fruit de la Passion pour la décoration

1. Verser les yaourts dans le bol.

2. Peler la banane. Rincer et éplucher la papaye. La couper en deux, récupérer les graines et la couper en morceaux.

3. Passer les morceaux de papaye et la banane à l'**EXTRA PRESS**. Récupérer la purée dans le bol contenant les yaourts.

4. Ajouter l'açaï et le miel. Remuer pour homogénéiser.

5. Ajouter les rondelles de banane, les graines de chia et la pulpe du fruit de la Passion.

Smoothie bowl

baies granola

5 MIN | 1 BOL

2 c. à soupe de graines de courge

2 bananes
+ quelques rondelles pour la décoration

2 c. à soupe de poudre d'açaï

1 filet de miel

7 framboises

1 poignée de myrtilles

3 c. à soupe de granola

1. Faire griller les graines de courge à sec sur feu moyen, dans une poêle. Quand elles sont dorées, réserver.

2. Peler les bananes et les passer à l'EXTRA PRESS. Récupérer la purée dans un bol.

3. Ajouter l'açaï et le miel. Remuer pour homogénéiser.

4. Ajouter les rondelles de banane et les fruits rouges ainsi que le granola et les graines de courge.

Smoothie bowl

açaï kiwi

5 MIN | 1 BOL

½ kiwi vert

½ kiwi jaune

2 c. à soupe de copeaux de noix de coco

2 bananes

2 c. à soupe de poudre d'açaï

1 filet de miel

1 c. à café de fèves de cacao crues

1. Peler les kiwis et les couper en rondelles.
2. Faire griller les copeaux de noix de coco à sec dans une poêle, sur feu moyen, jusqu'à ce qu'ils dorent. Réserver.
3. Peler les bananes et les passer à l'**EXTRA PRESS**. Récupérer la purée dans un bol.
4. Ajouter l'açaï et le miel. Remuer pour homogénéiser.
5. Ajouter en lignes verticales les tranches de kiwi, les copeaux de noix de coco et les fèves de cacao.

Smoothie bowl

fraise yaourt

5 MIN | 1 BOL

1 yaourt
(nature, vanille ou coco)

1 filet de miel d'acacia

1 banane

6 fraises
+ quelques rondelles
pour la décoration

1 poignée de baies
pour la décoration

2 c. à soupe de
flocons d'avoine
pour la décoration

8 amandes

1. Verser le yaourt et le miel dans un bol.

2. Peler la banane et les fraises rincées et équeutées à l'**EXTRA PRESS**. Récupérer la purée dans le bol contenant le yaourt.

3. Bien remuer pour homogénéiser.

4. Déposer en lignes verticales les rondelles de fraise, les baies, les flocons d'avoine et les amandes.

Smoothie bowl

pastèque spiruline

5 MIN | 1 BOL

2 bananes

1 c. à café de spiruline

1 filet de miel

2 abricots

½ tranche de pastèque

9 mûres

8 amandes

1 c. à café de graines de sésame

1. Peler les bananes et les passer à l'EXTRA PRESS. Récupérer la purée dans un bol.

2. Ajouter la spiruline et le miel. Remuer pour homogénéiser.

3. Rincer et dénoyauter les abricots. Les couper en quartiers.

4. Éplucher la pastèque et la couper en cubes.

5. Déposer en lignes verticales les abricots, les mûres, les cubes de pastèque et les amandes sur le smoothie. Parsemer les graines de sésame.

Smoothie bowl

banane cacao cerise

5 MIN + 1 H (REFROIDISSEMENT) | 1 BOL

200 ml d'onctueuse de coco épaisse

1 banane épluchée

1 filet de miel d'acacia

3 c. à soupe de cacao en poudre non sucré

10 cerises

1 petite poignée de myrtilles pour la décoration

1 c. à café de graines de chia

1. Placer la brique d'onctueuse de coco au congélateur pour 1 heure.

2. Verser l'onctueuse de coco froide dans un bol.

3. Peler la banane et la passer à l'EXTRA PRESS. Récupérer la purée dans le bol contenant l'onctueuse.

4. Ajouter le miel. Remuer pour homogénéiser. Ajouter le cacao et remuer de nouveau.

5. Rincer et équeuter les cerises. Les couper en deux.

6. Disposer les cerises, les myrtilles rincées et les graines de chia sur le smoothie.

Smoothie bowl

banane cacahuète

5 MIN | 1 BOL

2 bananes
+ quelques rondelles
pour la décoration

3 c. à soupe de beurre
de cacahuète

½ de grenade

½ tranche de pastèque

2 c. à soupe de pépites
de chocolat

1 filet de miel

1. Peler les deux bananes et les passer à l'EXTRA PRESS. Récupérer la purée dans un bol.

2. Ajouter le beurre de cacahuète. Mélanger pour homogénéiser.

3. Rincer et couper la grenade en deux. Récupérer les graines dans un petit bol.

4. Éplucher la pastèque et prélever des billes avec une cuillère parisienne.

5. Disposer les billes de pastèque, les rondelles de banane et les graines de grenade sur le smoothie. Parsemer de pépites de chocolat et napper de miel.

Smoothie bowl

banane coco

50 ml d'onctueuse de coco épaisse

½ avocat

½ fruit du dragon

½ banane épluchée

1 petite poignée de pousses d'épinard

2 c. à café de jus de citron

1 filet de miel d'acacia

3 c. à soupe de granola

5 MIN + 1 H (REFROIDISSEMENT) | 1 BOL

1. Placer la brique d'onctueuse de coco au congélateur pour 1 heure.
2. Verser l'onctueuse de coco froide dans un bol.
3. Rincer et couper l'avocat, et prélever la chair. Rincer et couper le fruit du dragon, et prélever la chair à l'aide d'une cuillère parisienne.
4. Peler la banane et la passer à l'**EXTRA PRESS** en alternant avec les pousses d'épinard et 30 ml d'eau. Récupérer la purée dans le bol contenant l'onctueuse. Si l'extracteur tourne très lentement, l'arrêter et récupérer la purée à la main.
5. Ajouter le jus de citron et le miel. Remuer pour homogénéiser.
6. Disposer les boules de fruit du dragon et le granola sur le smoothie.

Smoothie bowl

litchi spiruline

5 MIN + 1 H (REFROIDISSEMENT) | 1 BOL

50 ml d'onctueuse de coco épaisse

2 bananes

½ c. à café de spiruline en poudre

1 filet de miel d'acacia

6 litchis en conserve

4 c. à soupe de graines mélangées (sésame, pavot, courge, tournesol, etc.)

1. Placer la brique d'onctueuse de coco au congélateur pour 1 heure.
2. Verser l'onctueuse de coco froide dans un bol.
3. Peler les bananes et les passer à l'EXTRA PRESS. Récupérer la purée dans le bol contenant l'onctueuse.
4. Ajouter la spiruline et le miel. Remuer pour homogénéiser.
5. Couper les litchis en deux et les disposer sur le smoothie. Parsemer de graines.

Smoothie bowl

mangue fruit du dragon

½ fruit du dragon

2 c. à soupe de copeaux de noix de coco

1 banane

½ mangue + quelques fines tranches pour la décoration

1 yaourt (nature, vanille ou coco)

1 filet de miel d'acacia

2 c. à soupe de céréales

8 framboises

5 MIN + 1 NUIT (REPOS) | 1 BOL

1. Rincer et couper le fruit du dragon. Prélever la chair à l'aide d'une cuillère parisienne.

2. Faire dorer à sec dans une poêle sur feu moyen les copeaux de noix de coco.

3. Peler la banane et la passer à l'**EXTRA PRESS** avec la mangue pelée et tranchée. Récupérer la purée dans un bol.

4. Ajouter le yaourt et le miel. Remuer pour homogénéiser.

5. Disposer sur le smoothie les boules de fruit du dragon, les copeaux de noix de coco, les céréales, les framboises rincées et les fines tranches de mangue.

Soupe mixte

kale pomme brocoli

15 MIN + 5 MIN (REPOS) + RÉFRIGÉRATION | 6 MIN | 1 BOL

1 petite pomme

½ brocoli

30 g d'airelles séchées

1 poignée de kale

¼ de c. à café d'ail pressé

1 c. à café de jus de citron

1 brin d'aneth

1 c. à café d'huile de coco

Croûtons

1. Rincer, peler et évider la pomme. La couper en petits morceaux.
2. Faire cuire le brocoli coupé en bouquets pendant 6 minutes. Égoutter et laisser refroidir.
3. Dans un bol, recouvrir les airelles d'eau frémissante et laisser reposer 5 minutes.
4. Passer le kale émincé, le brocoli et les airelles égouttées à l'**EXTRA PRESS** en alternant. Récupérer la purée dans un bol.
5. Passer les morceaux de pomme au filtre **JUS** et récupérer dans le bol contenant le jus précédent. Mélanger.
6. Ajouter l'ail, le jus de citron, l'aneth, l'huile, un peu de sel et de poivre. Mélanger.
7. Réfrigérer avant de servir avec quelques croûtons.

Soupe crue

concombre tomate poivron

½ concombre

2 tomates

1 petite salade sucrine

20 g d'oignon rouge

½ poivron vert

1 petite tranche de piment type Jalapeño

1 brin de coriandre

1 filet d'huile d'olive

15 MIN + RÉFRIGÉRATION | 1 BOL

1. Rincer, peler et couper le concombre en morceaux.
2. Rincer et couper le poivron et la sucrine en lanières.
3. Rincer et couper les tomates en morceaux.
4. Éplucher l'oignon et le couper en morceaux.
5. Passer les tomates et le concombre à l'EXTRA PRESS en alternant. Récupérer la purée dans un bol.
6. Passer la sucrine, le piment, l'oignon et le poivron au filtre JUS. Récupérer le liquide dans le bol contenant le mélange tomate-concombre. Mélanger.
7. Verser un filet d'huile, saler, poivrer et parsemer de coriandre et de piment émincé. Réfrigérer avant de servir.

Soupe crue

maïs orange semoule

15 MIN + 10 MIN (REPOS) | 1 BOL

60 g de semoule

240 g de grains de maïs en boîte

½ petite orange

100 g de chou rouge ou blanc

4 feuilles de menthe fraîche

1 filet d'huile d'olive + pour la semoule

1. Dans un bol, verser la semoule et 80 ml d'eau frémissante, une pincée de sel et un peu d'huile. Laisser reposer pendant 10 minutes, puis égrainer à la fourchette.

2. Passer les grains de maïs à l'**EXTRA PRESS**. Récupérer la purée dans un bol. Si la purée sort difficilement, la récupérer manuellement.

3. Peler l'orange et la passer au **PRESSE-AGRUMES** avec le cône gris. Récupérer le jus dans le contenant avec le maïs.

4. Passer le chou rincé et coupé en morceaux au filtre **JUS**. Récupérer dans le même bol et mélanger.

5. Ajouter la semoule, verser un filet d'huile, saler, poivrer et parsemer la menthe rincée et ciselée.

Soupe mixte

concombre asperge

15 MIN + RÉFRIGÉRATION | 6 MIN | 1 BOL

9 asperges

½ concombre

1 c. à café de jus de citron

1 filet d'huile de coco

Crackers pour la décoration

1. Rincer, enlever les pieds des asperges, et les éplucher.
2. Rincer, éplucher et couper le concombre en petits morceaux.
3. Faire cuire les asperges pendant 6 minutes dans une casserole d'eau bouillante. Laisser refroidir et couper en petits morceaux.
4. Passer les asperges à l'EXTRA PRESS. Récupérer la purée dans un bol. Si la purée sort difficilement, la récupérer manuellement.
5. Faire de même avec les morceaux de concombre. Récupérer la purée dans le bol contenant les asperges.
6. Ajouter le citron et mélanger.
7. Verser l'huile, saler et poivrer. Réfrigérer avant de servir avec quelques crackers.

Soupe crue

concombre avocat quinoa

15 MIN + RÉFRIGÉRATION | 1 BOL

½ concombre

1 avocat

1 c. à soupe de jus de citron vert

1 brin de persil

1 c. à soupe de quinoa soufflé

1 filet d'huile de coco

1 Rincer et peler le concombre.
Le couper en petits morceaux.

2 Rincer, peler et dénoyauter l'avocat.
Récupérer la chair.

2 Passer l'avocat et le concombre à l'EXTRA PRESS en alternant. Récupérer la purée dans un bol. Si la purée sort difficilement, la récupérer dans l'extracteur à la main.

4 Ajouter le jus de citron et mélanger délicatement.

5 Verser un filet d'huile, saler, poivrer et parsemer le persil ainsi que le quinoa soufflé. Réfrigérer avant de servir.

Soupe crue

maïs courgette thym

15 MIN + 10 MIN (REPOS) | 1 BOL

1 courgette

2 brins de thym frais

120 g de maïs en conserve

1 filet d'huile d'olive

1. Rincer et couper les courgettes en petits morceaux.
2. Passer la courgette et le thym rincé à l'EXTRA PRESS. Récupérer le jus dans un bol.
3. Faire de même avec les grains de maïs et récupérer la purée dans le bol contenant la courgette. Mélanger.
4. Verser l'huile, saler et poivrer.

Soupe crue

épinard ananas chou

15 MIN | 3 MIN | 1 BOL

8 noisettes

90 g de chou blanc

¼ de concombre

180 g d'ananas

1 poignée de pousses d'épinard

4 feuilles de menthe

1 filet d'huile d'olive

1. Faire revenir à sec les noisettes dans une poêle jusqu'à ce qu'elles soient légèrement grillées. Laisser refroidir et concasser.
2. Rincer et couper le chou en gros morceaux.
3. Rincer, éplucher et couper le concombre en gros morceaux.
4. Éplucher l'ananas et retirer le cœur. Le couper en gros morceaux.
5. Passer les pousses d'épinard rincées, l'ananas et le concombre à l'EXTRA PRESS. Récupérer le jus dans un bol.
6. Passer le chou au filtre JUS et récupérer dans le bol contenant le jus précédent. Mélanger.
7. Ajouter l'huile, un peu de sel et de poivre, et parsemer de noisettes concassées.

Soupe crue

avocat petit pois céleri

15 MIN | 1 BOL

½ pomme

1 petit avocat

2 tiges de céleri

150 g de petit pois en conserve

1 c. à soupe de quinoa soufflé

1 brin d'aneth frais

1 filet d'huile d'olive

1. Rincer, peler et évider la pomme. La couper en gros morceaux.

2. Rincer, couper et dénoyauter l'avocat. Prélever la chair.

3. Rincer et couper le céleri en gros morceaux. Le passer au filtre **JUS** et récupérer le liquide dans un bol.

4. Passer l'avocat, les petits pois et la pomme à l'**EXTRA PRESS**. Récupérer la purée dans le bol contenant le jus de céleri. Mélanger. Si la purée sort difficilement, la récupérer manuellement.

5. Saler, poivrer et verser un filet d'huile d'olive. Parsemer le quinoa soufflé ainsi que l'aneth rincé et ciselé.

Soupe mixte

brocoli fenouil carotte

15 MIN | 31 MIN | 1 BOL

2 carottes

½ petit fenouil

½ petit brocoli

1 brin de persil frais

1 filet d'huile d'olive

Croûtons

1. Rincer, peler et couper les carottes en petits morceaux.

2. Rincer et couper le fenouil en petits morceaux.

3. Faire cuire le brocoli rincé et coupé en bouquets pendant 6 minutes dans une casserole remplie d'eau bouillante. Égoutter et laisser refroidir.

4. Faire de même avec les carottes, dans une autre casserole, pendant 25 minutes.

5. Passer les carottes et le brocoli à l'**EXTRA PRESS** avec 50 ml d'eau pour faciliter la sortie de la purée. Récupérer la purée dans un bol.

6. Passer le fenouil au filtre **JUS** et récupérer le liquide dans le bol contenant la soupe carotte-brocoli. Mélanger.

7. Verser l'huile, saler, poivrer et parsemer le persil et les croûtons.

Soupe cuite

carotte curcuma

15 MIN | 25 MIN | 1 BOL

700 g de carottes

1 c. à café de graines de sésame

1 c. à soupe de graines de courge

100 ml de bouillon de légumes

1 c. à café de curcuma en poudre

2 brins de coriandre

1 filet d'huile de coco

1. Rincer, peler et couper les carottes en petits morceaux.

2. Faire cuire les carottes à l'eau pendant 20 à 25 minutes. Égoutter et laisser refroidir.

3. Faire revenir à sec les graines dans une poêle jusqu'à ce qu'elles soient légèrement grillées. Laisser refroidir.

4. Passer les carottes à l'EXTRA PRESS. Récupérer la purée dans un bol. Si la purée sort difficilement, la récupérer manuellement.

5. Ajouter le bouillon et le curcuma, puis mélanger.

6. Verser un filet d'huile, saler, poivrer et parsemer la coriandre et les graines.

Boissons végétales

Les boissons végétales sont très faciles à faire chez soi. Le goût surprenant de la boisson végétale d'amande, de noix de cajou ou encore de noix de coco est fortement addictif, sans compter que ces boissons sont riches en nutriments ! Elles sont parfaites mélangées avec des fruits.
Enfin, ces boissons peuvent se congeler ; ainsi, il y en a toujours à disposition !

boisson végétale de base

10 MIN + 8 H (REPOS) | 550 ML

200 g d'amandes crues, de noix de cajou ou de graines de soja

550 ml d'eau

1. Faire tremper les oléagineux dans un grand bol d'eau pendant 8 heures au minimum.
2. Les rincer sous l'eau, puis passer à l'EXTRA PRESS une petite poignée avec un filet d'eau en alternant entre les oléagineux et les 550 ml d'eau. Procéder en plusieurs fois et récupérer la boisson dans un grand bol.
3. Verser dans une bouteille et réfrigérer.
4. Récupérer l'okara dans le filtre pour les recettes « Zéro déchet », en fin de livre.

Les boissons végétales peuvent être encore dilués pour être plus liquides, mais le goût moins intense. Pour les puristes, il est possible de filtrer la boisson pour enlever le peu de pulpe qui reste.

Fraîcheur végétale

datte cardamome

5 MIN | 1 VERRE

200 ml de boisson d'amande ou de noix de cajou

4 clous de girofle

2 dattes

4 capsules de cardamome

1 filet de miel d'acacia

3 glaçons

1. Verser la boisson végétale dans une casserole et faire chauffer à feu doux.
2. Ajouter les clous de girofle, la cardamome, le gingembre et le miel. Faire chauffer pendant quelques minutes.
3. Hors du feu, enlever les clous de girofle puis mixer.
4. Filtrer, laisser refroidir à température ambiante et placer au réfrigérateur.
5. Boire très froid, servi avec les glaçons.

Fraîcheur végétale

amande curcuma

½ c. à café
de gingembre frais

200 ml de boisson
d'amande ou de noix
de cajou

1 pincée de curcuma
en poudre

½ c. à café
de quatre-épices

1 c. à soupe
de miel d'acacia

3 glaçons

5 MIN + RÉFRIGÉRATION | 1 VERRE

1. Râper le gingembre.

2. Verser le lait dans une casserole et faire chauffer à feu doux. Ajouter le curcuma, le gingembre, les épices et le miel, puis faire chauffer pendant quelques minutes.

3. Laisser refroidir à température ambiante, puis réfrigérer.

4. Boire très froid, servi avec les glaçons.

Fraîcheur végétale

goji gingembre

5 MIN | 1 VERRE

200 ml de boisson d'amande ou de noix de cajou

½ c. à café de gingembre frais

1 c. à soupe de baies de goji séchées

1 filet de miel d'acacia

3 glaçons

1. Verser la boisson végétale dans une casserole et faire chauffer à feu doux.
2. Éplucher et râper le gingembre. Ajouter les baies de goji, le gingembre et le miel dans la casserole. Faire chauffer pendant quelques minutes.
3. Retirer du feu puis mixer.
4. Filtrer, laisser refroidir à température ambiante et placer au réfrigérateur.
5. Boire très froid, servi avec les glaçons.

Fraîcheur végétale

banane spiruline

5 MIN | 1 VERRE

200 ml de boisson d'amande ou de noix de cajou

½ c. à café de spiruline en poudre

½ banane

1 filet de miel d'acacia

3 glaçons

1. Verser la boisson végétale dans un verre avec la spiruline. Bien mélanger.

2. Passer la banane pelée à l'EXTRA PRESS, récupérer la purée dans le verre contenant la boisson végétale et fouetter pour homogénéiser.

3. Boire très froid, servi avec les glaçons.

Fraîcheur végétale

framboise açaï

5 MIN | 1 VERRE

200 ml de boisson d'amande ou de noix de cajou

2 c. à café d'açaï en poudre

½ c. à café d'extrait de vanille

15 framboises

3 glaçons

1. Verser la boisson végétale dans un verre avec l'açaï et la vanille.
2. Fouetter pour homogénéiser.
3. Passer les framboises rincées à l'EXTRA PRESS et récupérer la purée dans le verre contenant la boisson végétale.
4. Remuer puis boire servi avec les glaçons.

Fraîcheur végétale

matcha chocolat blanc

5 MIN | 1 VERRE

200 ml de boisson d'amande ou de noix de cajou

1 c. à café de thé matcha

7 g de chocolat blanc

3 glaçons

1. Verser la boisson végétale dans un verre avec le matcha. Mélanger.
2. Faire fondre le chocolat blanc dans une casserole avec la moitié de la boisson végétale. Remuer fréquemment.
3. Laisser refroidir hors du feu.
4. Ajouter au verre contenant la boisson végétale au matcha. Bien mélanger.
5. Boire servi avec les glaçons.

Fraîcheur végétale

cookie chaï

5 MIN | 1 VERRE

200 ml de boisson d'amande ou de noix de cajou

1 petit cookie émietté

½ c. à café d'épices chaï en poudre

3 glaçons

1. Verser la boisson végétale dans un verre avec les miettes de cookie et les épices.
2. Bien mélanger.
3. Boire servi avec les glaçons.

cacao piment

5 MIN | 1 VERRE

200 ml de boisson d'amande ou de noix de cajou

1 pincée de piment en poudre type pili-pili

1,5 c. à soupe de cacao en poudre non sucré

3 glaçons

1. Verser dans un verre la boisson végétale avec le piment et le cacao.
2. Fouetter pour homogénéiser.
3. Boire servi avec les glaçons.

Fraîcheur végétale

maca vanille

5 MIN | 1 VERRE

200 ml de boisson d'amande ou de noix de cajou

1,5 c. à café de maca en poudre

½ c. à café d'extrait de vanille

3 glaçons

1. Verser dans un verre la boisson végétale avec la maca et la vanille.
2. Fouetter pour homogénéiser.
3. Boire servi avec les glaçons.

Juice EXPERT 3
magimix

Douceur végétale

matcha

200 ml de boisson d'amande

1 à 2 c. à café de thé matcha

½ c. à café d'extrait de vanille

1 filet de miel

4 glaçons

5 MIN | 200 ML

1. Verser la moitié de la boisson d'amande dans un grand verre.
2. Ajouter le matcha et fouetter jusqu'à l'obtention d'un mélange homogène.
3. Ajouter l'extrait de vanille et le miel. Verser le reste de la boisson végétale.
4. Boire servi avec les glaçons.

Douceur végétale

caramel amande

5 MIN | 2-4 MIN | 200 ML

150 ml de boisson d'amande

2 caramels mous au beurre salé

50 ml d'expresso

1. Verser la boisson d'amande et les caramels dans une casserole.

2. Faire chauffer à feu doux et remuer sans cesse. Une fois les caramels fondus, verser dans un grand verre.

3. Ajouter l'expresso fraîchement passé.

Cette douceur végétale peut se boire chaude ou glacée.

Douceur végétale

chaï

5 MIN | 2-4 MIN | 200 ML

½ c. à café de gingembre frais

100 ml de thé noir (type Assam ou Darjeeling)

100 ml de boisson végétale au choix

½ c. à café d'épices chaï

2 c. à café de miel d'acacia

1. Rincer, peler et râper le gingembre.
2. Faire chauffer de l'eau jusqu'à frémissement. Placer un sachet de thé noir et laisser infuser pendant 2 minutes. Verser dans un grand verre.
3. Verser la boisson végétale dans une casserole et faire chauffer à feu doux avec les épices, le gingembre et le miel en remuant sans cesse. Une fois le miel fondu, verser la boisson dans le grand verre contenant le thé.

Douceur végétale

café coco

5 MIN | 2-4 MIN | 200 ML

150 ml de lait de coco

1 c. à café de sucre

1 pincée de cannelle

50 ml d'expresso

2 noisettes grillées

4 glaçons

1. Verser le lait de coco, le sucre et la cannelle dans une casserole, et faire chauffer à feu doux en remuant sans cesse.

2. Verser dans un grand verre et ajouter l'expresso fraîchement passé.

3. Parsemer les noisettes finement hachées.

4. Boire servi avec les glaçons.

Douceur végétale

café amande

5 MIN | 2-4 MIN | 200 ML

150 ml de boisson d'amande

1 c. à café de sucre

1 c. à café de cacao en poudre non sucré

50 ml d'expresso

1. Verser la boisson d'amande, le sucre et le cacao dans une casserole, et faire chauffer à feu doux en remuant sans cesse.

2. Verser dans un grand verre et ajouter l'expresso fraîchement passé.

3. Savourer.

Pour une douceur végétale plus gourmande, ajouter de la crème Chantilly.

Bubble tea

mangue Passion

½ c. à café
de gingembre frais

150 ml d'eau

100 g de sucre

50 g de grosses perles
de tapioca noires

1 mangue

1 fruit de la Passion

Glaçons

5 MIN + 30 MIN (REPOS) | 40 MIN | 1 VERRE

1. Râper le gingembre. Verser l'eau, le gingembre et le sucre dans une casserole. Faire bouillir pendant 10 minutes, puis verser dans un grand bol et laisser refroidir.
2. Faire bouillir les perles de tapioca pendant 30 minutes à couvert. Laisser reposer hors du feu pendant 15 minutes, jusqu'à ce qu'elles soient fondantes. Égoutter puis rincer sous l'eau froide. Les placer dans le bol contenant le sirop et laisser reposer pendant 15 minutes.
3. Rincer, peler et couper les fruits. Récupérer la pulpe du fruit de la Passion à la cuillère et réserver dans un petit verre.
4. Verser les perles de tapioca dans un grand verre avec le sirop.
5. Passer les morceaux de mangue et la pulpe du fruit de la Passion à l'**EXTRA PRESS**. Récupérer la purée dans le verre contenant les perles de tapioca. Mélanger.
6. Ajouter quelques glaçon et déguster avec une grosse paille pour bubble teas.

Juice EXPERT 3
magimix

Bubble tea

pastèque framboise

5 MIN + 30 MIN (REPOS) | 40 MIN | 1 VERRE

½ c. à café de gingembre frais

150 ml d'eau

100 g de sucre

50 g de grosses perles de tapioca noires

280 g de pastèque

½ barquette de framboises

Glaçons

1. Râper le gingembre. Verser l'eau, le gingembre et le sucre dans une casserole. Faire bouillir pendant 10 minutes, puis verser dans un grand bol et laisser refroidir.
2. Faire bouillir les perles de tapioca pendant 30 minutes à couvert. Laisser reposer hors du feu pendant 15 minutes, jusqu'à ce qu'elles soient fondantes. Égoutter puis rincer sous l'eau froide.
3. Placer les perles de tapioca dans le bol contenant le sirop de gingembre et laisser reposer pendant 15 minutes.
4. Éplucher la pastèque, enlever les pépins et la couper en morceaux.
5. Verser les perles de tapioca dans un grand verre avec le sirop.
6. Passer les morceaux de pastèque et les framboises rincées à l'**EXTRA PRESS**. Récupérer la purée dans le verre contenant le tapioca.
7. Ajouter quelques glaçons et déguster avec une grosse paille pour bubble teas.

Bubble tea

matcha

5 MIN + 30 MIN (REPOS) | 40 MIN | 1 VERRE

½ c. à café de gingembre frais

150 ml d'eau

100 g de sucre

50 g de grosses perles de tapioca noires

200 ml de boisson d'amande

½ c. à café de thé matcha

1 brin de menthe fraîche

Glaçons

1. Râper le gingembre. Verser l'eau, le gingembre et le sucre dans une casserole. Faire bouillir pendant 10 minutes, puis verser dans un grand bol et laisser refroidir.

2. Faire bouillir les perles de tapioca pendant 30 minutes à couvert. Laisser reposer hors du feu pendant 15 minutes, jusqu'à ce qu'elles soient fondantes. Égoutter puis rincer sous l'eau froide.

3. Placer les perles de tapioca dans le bol contenant le sirop et laisser reposer pendant 15 minutes.

4. Verser dans un grand verre la boisson d'amande et le matcha. Bien mélanger.

5. Verser les perles de tapioca dans un grand verre avec le sirop.

6. Verser la boisson au matcha dans le verre contenant le tapioca.

7. Ajouter quelques glaçons et les feuilles de menthe rincées. Déguster avec une grosse paille pour bubble teas.

SUMMER

Bubble tea

fraise

5 MIN + 30 MIN (REPOS) | 40 MIN | 1 VERRE

½ c. à café de gingembre frais

150 ml d'eau

100 g de sucre

50 g de grosses perles de tapioca noires

1 sachet de thé vert

50 ml de boisson de riz

200 g de fraises

Glaçons

1. Râper le gingembre. Verser l'eau, le gingembre et le sucre dans une casserole. Faire bouillir pendant 10 minutes, puis verser dans un grand bol et laisser refroidir.

2. Faire bouillir les perles de tapioca pendant 30 minutes à couvert. Laisser reposer hors du feu pendant 15 minutes, jusqu'à ce qu'elles soient fondantes. Égoutter puis rincer sous l'eau froide. Les placer dans le bol contenant le sirop et laisser reposer pendant 15 minutes.

3. Préparer le thé en faisant frémir 50 ml d'eau. Laisser infuser le sachet de thé pendant 3 minutes et laisser refroidir.

4. Verser les perles de tapioca dans un grand verre avec le sirop, puis ajouter le thé et la boisson de riz.

5. Passer les fraises rincées et équeutées à l'EXTRA PRESS. Récupérer la purée dans le verre contenant le tapioca. Mélanger.

6. Ajouter quelques glaçons et déguster avec une grosse paille pour bubble teas.

Zéro déchet

Une fois pressés en jus ou en smoothies, les fibres des fruits ou des oléagineux constituent des déchets importants. Pourquoi les jeter quand on peut les utiliser ? Ainsi, on dit « non » au gaspillage alimentaire tout en agissant correctement envers la planète. Les recettes comme le faux-mage vegan, les cakes salés, les quiches et les galettes sont aussi étonnantes que délicieuses !

Blinis

maïs ciboulette

15 MIN | 3 MIN | 7 BLINIS

2 c. à soupe d'huile de coco + 1 noisette

100 g de farine tamisée

2 c. à café de levure chimique

½ c. à café de curry en poudre

1 œuf

150 ml de boisson de riz

100 g d'okara de maïs (voir p. 156)

4 c. à soupe de ciboulette

1. Faire fondre l'huile de coco à feu doux et réserver.
2. Dans un saladier, verser la farine, la levure, le curry et du sel. Mélanger.
3. Fouetter les œufs avec le lait, l'okara, le sel, le poivre et la ciboulette rincée et ciselée. Ajouter l'huile en filet sans cesser de battre.
4. Incorporer la préparation liquide aux ingrédients secs. Mélanger délicatement pour bien homogénéiser.
5. Dans une poêle sur feu moyen, faire fondre une noisette d'huile de coco, puis verser une petite louche de pâte. Faire cuire 90 secondes de chaque côté.
6. Déposer dans une assiette creuse, sur du papier absorbant, et faire cuire des blinis jusqu'à épuisement de la pâte.

Galette

courgette feta

15 MIN | 3 MIN | 7 GALETTES

100 g de farine tamisée

2 c. à café
de levure chimique

60 g d'okara
de noix (amande
ou noix de cajou)

3 œufs

90 ml de yaourt
à la grecque

190 g de courgette

80 de feta

3 c. à soupe de persil

Huile d'olive

1. Dans un saladier verser la farine, la levure, l'okara et du sel. Mélanger.

2. Fouetter les œufs avec le yaourt, la courgette râpée, la feta émiettée, le persil haché, du sel et du poivre. Bien mélanger.

3. Incorporer la préparation liquide aux ingrédients secs. Mélanger délicatement pour bien homogénéiser.

4. Dans une poêle sur feu moyen, verser un filet d'huile puis une petite louche de pâte. Faire cuire 90 secondes de chaque côté.

5. Déposer dans une assiette creuse, sur du papier absorbant, et faire cuire des galettes jusqu'à épuisement de la pâte.

Faux-mage vegan

tomate séchée piment

15 MIN + 3 H (REPOS) | 1 FAUX-MAGE

250 ml de boisson épaisse de noix de cajou

40 g d'okara de noix de cajou

45 g de tomates mi-séchées

1 c. à café d'échalote séchée

3 g d'agar-agar en poudre

Piment rouge en poudre

1. Dans un bol, verser la boisson et l'okara de noix de cajou, les tomates mi-séchées coupées en morceaux, l'échalote, du sel et du poivre. Bien mélanger.

2. Dans une petite casserole, verser 8 cuillerées à soupe d'eau et l'agar-agar. Bien mélanger puis porter à ébullition pendant 1 à 2 minutes. Incorporer en fouettant au mélange à la noix de cajou.

3. Mettre du film alimentaire à l'intérieur d'un moule ou d'un plat de 12 cm de diamètre en le faisant remonter sur les bords. Former le faux-mage en déposant le mélange dans le fond du moule. Lisser à l'aide d'une spatule.

4. Parsemer un peu de piment, puis laisser figer au réfrigérateur pendant 3 heures.

5. Retourner le faux-mage sur une assiette de présentation et retirer le film alimentaire. À déguster avec du bon pain.

Faux-mage vegan

ail et fines herbes

15 MIN + 3 H (REPOS) | 1 FAUX-MAGE

250 ml de boisson épaisse de noix de cajou

40 g d'okara de noix de cajou

3 c. à soupe + 2 c. à soupe de ciboulette

1 c. à café d'ail séché

1 c. à café d'échalote séchée

3 g d'agar-agar en poudre

1. Dans un bol, verser la boisson végétale et l'okara de noix de cajou, les 3 cuillerées de ciboulette rincée et ciselée, l'ail, l'échalote, du sel et du poivre. Bien mélanger.

2. Dans une petite casserole, verser 8 cuillerées à soupe d'eau et l'agar-agar. Bien mélanger puis porter à ébullition pendant 1 à 2 minutes. Incorporer au mélange à la noix de cajou en fouettant.

3. Mettre du film alimentaire à l'intérieur d'un moule ou d'un plat de 12 cm de diamètre en le faisant remonter sur les bords. Former le faux-mage en déposant le mélange dans le fond du moule. Lisser à l'aide d'une spatule.

4. Parsemer le reste de la ciboulette rincée et ciselée, puis laisser figer au réfrigérateur pendant 3 heures.

5. Retourner le faux-mage sur une assiette de présentation et retirer le film alimentaire. À déguster avec du bon pain.

Pesto

basilic cajou

10 MIN | 1 BOL

35 g de parmesan

½ gousse d'ail

35 g d'okara de noix de cajou

1 botte de basilic

70 ml d'huile d'olive

1. Râper le parmesan et presser l'ail.
2. Dans un mixeur ou un blender verser l'okara, le parmesan, l'ail et les feuilles de basilic rincées.
3. Mixer et verser l'huile d'olive en filet au fur et à mesure. Le mélange doit être homogène.
4. Saler et poivrer. Verser dans un pot bien propre et recouvrir d'une fine couche d'huile. Réfrigérer.

Cake

thon basilic

20 MIN | 40 MIN | 1 CAKE

3 œufs

150 g de fromage frais

½ petite gousse d'ail

½ botte de basilic

100 ml
d'huile d'olive douce

80 g d'okara de légumes
(voir p. 159)

200 g de farine tamisée

2 c. à soupe
de levure chimique

90 g de thon égoutté

1 Préchauffer le four à 175 °C.
Dans un grand bol, casser et fouetter les œufs avec le fromage, l'ail, le basilic rincé et ciselé, l'huile, du sel et du poivre.
Incorporer l'okara et mélanger de nouveau.

2 Dans un autre bol, verser la farine et la levure, puis mélanger.
Verser sur l'appareil aux œufs puis ajouter le thon émietté. Mélanger.

3 Verser dans un moule à cake revêtu de papier cuisson et enfourner pour 40 minutes. Sortir du four quand le cake est bien doré.

4 Laisser tiédir avant de couper en tranches.

5 Ce cake se conserve au réfrigérateur dans du film alimentaire.

Cake

asperge tomate séchée

20 MIN | 40 MIN | 1 CAKE

3 œufs

100 ml de crème fraîche

½ petite gousse d'ail

4 c. à soupe d'aneth frais

100 ml d'huile d'olive douce

80 g d'okara de légumes (voir p. 162)

200 g de farine tamisée

2 c. à soupe de levure chimique

40 g d'olives noires dénoyautées

50 g de tomates séchées

1. Préchauffer le four à 175 °C. Dans un grand bol, casser et fouetter les œufs avec la crème, l'ail, l'aneth rincé et ciselé, l'huile, du sel et du poivre. Incorporer l'okara et mélanger de nouveau.

2. Dans un autre bol, verser la farine et la levure, puis mélanger. Verser sur l'appareil aux œufs puis ajouter les olives et les tomates coupées en morceaux. Mélanger.

3. Verser dans un moule à cake revêtu de papier cuisson et enfourner pour 40 minutes. Sortir du four quand le cake est bien doré.

4. Laisser tiédir avant de couper en tranches.

5. Ce cake se conserve au réfrigérateur dans du film alimentaire.

Quiche
courgette kale

10 MIN | 35 MIN | 1 QUICHE

4 œufs

1 yaourt à la grecque

1 c. à café
de curry en poudre

1 rouleau
de pâte à tarte brisée

85 g d'okara de légumes
(voir p. 161)

30 g de chou kale

5 tomates multicolores

12 olives vertes
dénoyautées

Huile d'olive

1 Préchauffer le four à 170°C.
Dans un grand bol, casser et battre les œufs à l'aide d'une fourchette avec le yaourt, le curry et une pincée de sel et de poivre.

2 Foncer un moule à tarte avec la pâte brisée. La piquer à la fourchette, recouvrir de papier cuisson et déposer des légumes secs. Cuire la pâte à blanc pendant 15 minutes. Retirer les légumes secs et le papier cuisson.

3 Répartir une couche d'okara sur la pâte. Ajouter le kale émincé, les tomates tranchées et les olives, puis verser l'appareil aux œufs.

4 Enfourner pour 20 minutes et sortir la tarte du four quand les bords sont bien dorés. Déguster chaud.

Quiche

tomate feta

10 MIN | 35 MIN | 4 QUICHES

60 g d'okara
de noix de cajou

3 œufs

20 tomates cerises

30 ml
de crème fraiche épaisse

90 g de feta en cubes

3 tiges de basilic frais

Huile d'olive

1. Préchauffer le four à 170 °C.
Faire rôtir les tomates cerises à la poêle sur feu moyen avec un filet d'huile d'olive, du sel et du poivre. Laisser cuire pendant 7 à 10 minutes. Réserver hors du feu.

2. Dans un grand bol, casser et battre les œufs à l'aide d'une fourchette avec la crème et une pincée de sel et de poivre.

3. Foncer les moules à tartelette avec la pâte brisée. La piquer à la fourchette, recouvrir de papier cuisson et déposer des légumes secs. Cuire la pâte à blanc pendant 15 minutes. Retirer les légumes secs et le papier cuisson.

4. Répartir une couche d'okara sur la pâte. Ajouter la feta, les tomates et quelques feuilles de basilic rincées, puis verser l'appareil aux œufs.

5. Enfourner pour 20 minutes et sortir la tarte du four quand les bords sont bien dorés. Parsemer quelques feuilles de basilic et déguster chaud.

Omelette
tomate brocoli

10 MIN | 10 MIN | 1-2 ASSIETTES

3 œufs

2 c. à café
de graines de sésame

10 tomates cerises

60 g d'okara de légumes
(voir p. 163)

Huile d'olive

1. Dans un bol, battre les œufs à l'aide d'une fourchette avec les graines de sésame, du sel et du poivre.

2. Faire rôtir les tomates cerise pendant 5 minutes dans une poêle sur feu moyen avec un filet d'huile d'olive. Réserver.

3. Faire chauffer une poêle sur feu moyen, verser un filet d'huile d'olive puis ajouter les œufs. Mélanger délicatement et ajouter vers la fin de la cuisson l'okara de légumes et les tomates cerises.

4. Fermer l'omelette en la pliant en deux puis servir avec des feuilles de salade et une bonne vinaigrette.

Omelette

vanille framboise

10 MIN | 10 MIN | 1 À 2 ASSIETTES

40 g d'okara d'amande

2 blancs d'œuf + 2 jaunes

100 g de framboises

55 g de sucre glace

½ c. à café d'extrait de vanille

40 ml de crème liquide

1 noisette de beurre doux

1 pincée de sel

1. Dans un bol, faire monter les blancs d'œuf avec le sel.

2. Dans un autre bol, mélanger les jaunes avec le sucre, la crème, l'extrait de vanille et l'okara.

3. Verser les blancs d'œuf délicatement sur les jaunes et incorporer doucement à la spatule pour homogénéiser le mélange.

4. Faire chauffer une poêle sur feu moyen, verser la noisette de beurre, puis ajouter les œufs. Mélanger délicatement et ajouter, vers la fin de la cuisson, les framboises rincées.

5. Fermer l'omelette en la pliant en deux puis servir, au choix, avec une boule de glace.

Crêpe

chocolat fruits rouges

80 ml de crème liquide

120 g de chocolat noir

20 g de beurre

40 g de farine tamisée

15 g de sucre

15 g de cacao en poudre non sucré

200 ml de boisson végétale

1 œuf

25 g d'okara d'amande

1 barquette de fruits rouges

15 MIN | 3 MIN (CRÊPE) | 7 CRÊPES

1. Faire frémir la crème dans une casserole, la retirer du feu et ajouter le chocolat en morceaux. Laisser fondre 5 minutes puis mélanger avec une cuillère jusqu'à l'obtention d'une sauce brillante.

2. Préparer les crêpes en faisant fondre le beurre sur feu doux. Réserver.

3. Mélanger dans un bol la farine, le sucre et la poudre de cacao.

4. Dans un autre bol, fouetter le lait, l'œuf et l'okara, puis le beurre fondu. Incorporer la préparation liquide aux ingrédients secs. Mélanger délicatement pour bien homogénéiser.

5. Dans une poêle sur feu moyen, verser une noisette de beurre puis une petite louche de pâte. Faire cuire 90 secondes de chaque côté.

6. Déposer dans une assiette, plier les crêpes avec des fruits rouges à l'intérieur et étaler la sauce chocolat dessus.

Dessert vegan

fraise chocolat

5 MIN | 1 BOL

140 g de fraises
+ 3 découpées
(pour la décoration)

2 desserts vegan
(soja, coco, chanvre, etc.,)

30 g d'okara d'amande

2 carrés de chocolat noir

1. Rincer et équeuter les fraises. Concasser le chocolat.

2. Passer les fraises à l'EXTRA PRESS et récupérer le coulis dans un verre.

3. Verser les desserts vegan dans un bol, ajouter l'okara, puis verser le coulis et les morceaux de fraises. Parsemer le chocolat.

Boules d'énergie

framboise figue

15 MIN | 10 BOULES

11 figues séchées

4 c. à soupe de petits flocons d'avoine

3 c. à soupe de cacao en poudre non sucré

3 c. à soupe de noix de coco râpée

35 g d'okara de framboise (voir p. 48)

1. Faire bouillir les figues dans 60 ml d'eau pendant 6 minutes, jusqu'à ce qu'elles deviennent molles et aient absorbé toute l'eau.
2. Couper les figues en morceaux et jeter le bout dur.
3. Mixer les figues avec les flocons d'avoine, le cacao, la noix de coco et l'okara.
4. Façonner des petites boules avec les mains et les rouler ensuite dans l'enrobage choisi.
5. Conserver dans une boîte hermétique au réfrigérateur.

Pour l'enrobage, parsemer les boules de cacao en poudre, de noix de coco râpée ou de flocons d'avoine.

Bircher muesli gourmand

avoine betterave

10 MIN + 10 MIN (REPOS) | 1 BOL

70 g de flocons d'avoine

120 ml de boisson végétale

60 g d'okara de fruit (voir p. 21)

½ yaourt à la grecque (nature ou coco)

1 filet de miel

1 c. à soupe de graines de sésame grillé

5 amandes grossièrement hachées

1. Dans un bol, verser les flocons d'avoine et la boisson végétale. Laisser reposer pendant 10 minutes.
2. Verser l'okara de fruit sur les flocons d'avoine ainsi que le yaourt et le miel.
3. Parsemer le sésame et les amandes.
4. Verser un filet de boisson végétale sur les flocons d'avoine au moment de servir.

Muffins

ananas banane

60 g de beurre doux

2 œufs

130 g de sucre + sucre glace (pour la décoration)

1 c. à café d'extrait de vanille

160 ml de boisson végétale

60 g d'okara de banane (voir p. 16)

180 g de farine tamisée

1,5 c. à soupe de levure

Citron vert

Dés d'ananas frais

25 MIN | 25 MIN | 6 PETITS MUFFINS

1. Préchauffer le four à 180 °C. Faire fondre le beurre à feu doux, puis réserver hors du feu.

2. Fouetter les œufs avec le sucre et l'extrait de vanille jusqu'à l'obtention d'un mélange homogène. Ajouter le beurre fondu et la boisson végétale. Incorporer l'okara de banane, la farine, la levure et du sel. Mélanger deux fois.

3. Verser dans des moules préalablement beurrés et recouverts de papier cuisson.

4. Enfourner pour 25 minutes et sortir les muffins quand ils sont bien dorés.

5. Laisser refroidir puis tamiser du sucre glace sur les muffins. Parsemer les zestes de citron et les dés d'ananas.

Financier

fruits rouges

15 MIN | 15 MIN | 4 GROS FINANCIERS

50 g de beurre
doux + pour les moules

50 g de sucre
glace tamisé
+ pour la décoration

30 g de farine tamisée

1 c. à café de levure
chimique

40 g d'okara d'amande

2 blancs d'œuf

½ c. à café
d'extrait de vanille

125 g de fruits rouges

1. Préchauffer le four à 180 °C. Faire fondre le beurre à feu doux. Réserver hors du feu.

2. Dans un grand bol, verser le sucre glace, la farine puis la levure et l'okara. Bien mélanger.

3. Verser les blancs d'œuf et l'extrait de vanille, puis bien fouetter. Verser le beurre dans la pâte et mélanger.

4. Remplir les trois quarts des moules, préalablement beurrés de pâte. Déposer les fruits rouges sur le dessus.

5. Enfourner pour 15 minutes environ et sortir les financiers quand ils sont cuits et bien dorés. Laisser refroidir.

6. Avant de déguster, saupoudrer un peu de sucre glace sur les bords des financiers.

Carrot-cake

pécan

25 MIN | 50 MIN | 1 CAKE

250 g de farine tamisée

25 g de noix de pécan

2 c. à café de levure

3 œufs

170 g de sucre + 50 g de sucre glace pour le glaçage

½ c. à café d'extrait de vanille + pour le glaçage

200 ml d'huile de tournesol

200 g d'okara de carotte (voir p. 164)

90 g de beurre

½ c. à café d'épices chaï

125 g de fromage frais

1 c. à soupe de jus de citron

Quelques noisettes

1. Sortir le fromage et le beurre. Préchauffer le four à 180 °C.
2. Dans un saladier, mélanger la farine, les noix hachées, les épices, la levure et une pincée de sel.
3. Battre les œufs avec le sucre et l'extrait de vanille, pour un mélange crémeux et léger. Ajouter l'huile en filet sans cesser de battre. Incorporer l'okara et le mélange sec.
4. Verser la pâte dans un moule à cake préalablement beurré et tapissé de papier de cuisson. Enfourner pour 50 minutes.
5. Pour le glaçage, mélanger le beurre, l'extrait de vanille, les épices et le sucre glace pour un mélange crémeux. Ajouter le fromage frais et le jus de citron, puis mélanger.
6. Faire revenir les noisettes dans une poêle à sec jusqu'à ce qu'elles se colorent légèrement. Les concasser.
7. Laisser tiédir le cake avant d'étaler une couche généreuse de glaçage. Parsemer les noisettes et placer au réfrigérateur.

Cake marbré

matcha framboise

150 g de farine tamisée

1,5 c. à café de levure

80 g d'okara d'amande

70 g de beurre mou

130 g de sucre
+ sucre glace

½ c. à café d'extrait de vanille

2 œufs

140 ml de boisson végétale

2 c. à café de thé matcha

2 c. à soupe de jus de citron

1 barquette de framboises

25 MIN | 45 MIN | 1 CAKE

1. Préchauffer le four à 175 °C. Dans un grand bol, verser la farine, la levure, l'okara et une pincée de sel. Bien mélanger.

2. Fouetter le beurre, le sucre et l'extrait de vanille à l'aide d'un robot, jusqu'à l'obtention d'une pâte légère et homogène. Sans cesser de fouetter, verser les œufs battus et le la boisson végétale en filet, puis incorporer le mélange sec. Réserver un tiers de la pâte dans un bol et ajouter le matcha et le jus de citron.

3. Verser la moitié de la pâte nature dans un moule à cake préalablement beurré et tapissé de papier cuisson et ajouter quelques framboises rincées. Recouvrir avec la préparation au matcha et verser quelques framboises. Terminer par le reste de la pâte nature.

4. Enfourner 45 minutes et sortir du four. Laisser tiédir. Saupoudrer de sucre glace tamisé et déposer quelques framboises.

5. Ce cake se conserve au réfrigérateur dans du film alimentaire.

Sorbets, entremets, gâteaux et cie

Pourquoi ne pas aller plus loin et tenter de faire un dessert grâce aux jus ou aux smoothies pressés ! En un tour de main il est possible de transformer ces boissons en tartes sucrées, cheese-cakes colorés, pâtes de fruits, glaces à l'eau et boules de glace savoureuse. Une nouvelle voie culinaire s'offre à vous !

Glace à l'eau

cacao Passion

20 MIN + 8 H (CONGÉLATION) | 4 BÂTONNETS

1 fruit de la Passion

½ poire

1 expresso

2 c. à soupe de cacao non sucré en poudre

3 c. à soupe de sucre

100 ml de boisson végétale (riz, amande, coco)

½ c. à café d'épices chaï

1. Rincer et couper le fruit de la Passion. Le passer à l'**EXTRA PRESS** avec la poire rincée, pelée et évidée. Récupérer la pulpe dans un bol. Mélanger.

2. Verser dans un autre bol le café chaud avec le cacao et la moitié du sucre. Mélanger.

3. Verser la boisson végétale avec la poudre d'épices chaï et le sucre restant. Mélanger.

4. Verser une couche de café-cacao dans le premier tiers des moules et placer au congélateur pour 40 minutes. Les sortir et ajouter la couche de chaï. Congeler pendant 30 minutes et insérer le bâtonnet. Laisser encore au congélateur pendant 20 minutes. Répéter avec le mélange Passion-poire. Placer au congélateur pour 6 heures. Démouler.

Glace à l'eau

poire framboise

20 MIN + 8 H (CONGÉLATION) | 4 BÂTONNETS

1,5 poire

150 g de framboises

1 tranche de pastèque

50 ml d'eau

½ banane

50 ml de boisson végétale

1 pincée de curcuma

1 c. à café de sirop d'agave (facultatif)

1. Rincer, peler et évider les poires. Les couper en morceaux. Faire de même avec la pastèque et la banane.

2. Passer à l'EXTRA PRESS les morceaux de poire et récupérer le jus dans un bol. Faire de même, avec un autre bol, pour les framboises rincées et la pastèque. Arroser de 50 ml d'eau pour bien récupérer la pulpe dans la cuve.

3. Passer les morceaux de banane à l'EXTRA PRESS et récupérer la pulpe dans un nouveau bol. Verser la boisson végétale, ajouter le curcuma et le sirop, le cas échéant, puis mélanger.

4. Verser une couche de poire dans le premier tiers des moules et placer au congélateur pour 40 minutes. Les sortir et ajouter la couche de banane. Congeler pendant 30 minutes et insérer le bâtonnet. Laisser encore au congélateur pendant 20 minutes. Répéter avec le mélange framboise-pastèque. Placer au congélateur pour 6 heures. Démouler.

Glace à l'eau

mangue pastèque

20 MIN + 8 H (CONGÉLATION) | 4 BÂTONNETS

½ grosse mangue

1 tranche de pastèque

100 g de myrtilles

60 ml d'onctueuse de coco sucrée

1 c. à. soupe de noix de coco râpée

2 c. à soupe de miel (facultatif)

1. Rincer et enlever la peau de la pastèque. La couper en gros morceaux.
2. Passer la mangue rincée et tranchée à l'EXTRA PRESS. Récupérer la pulpe dans un bol.
3. Passer la pastèque et les myrtilles rincées à l'EXTRA PRESS et récupérer le jus dans un autre bol.
4. Verser l'onctueuse dans un nouveau bol et ajouter la noix de coco râpée. Mélanger et ajouter le miel, le cas échéant. Mélanger de nouveau.
5. Verser une couche d'onctueuse de coco dans le premier tiers des moules et placer au congélateur pour 40 minutes. Les sortir et ajouter la couche de mangue. Congeler pendant 30 minutes et insérer les bâtonnets. Laisser encore au congélateur pendant 20 minutes. Répéter avec le mélange pastèque-myrtilles. Placer au congélateur pour 6 heures. Démouler.

Glace smoothie

pêche pistache

15 MIN + 6 H 15 (CONGÉLATION) | 4 BÂTONNETS

4 grosses pêches

½ c. à soupe de jus de citron

1 c. à café de miel (facultatif)

2 c. à soupe de pistaches

1. Rincer et dénoyauter les pêches. Les couper en morceaux et les passer à l'EXTRA PRESS. Récupérer la pulpe dans un bol.

2. Ajouter le jus de citron et le miel, le cas échéant, puis mélanger.

3. Concasser les pistaches et les réduire en petits morceaux ou en poudre.

4. Verser dans les moules et placer au congélateur pour 2 heures. Enfoncer les bâtonnets et replacer au congélateur pour 4 heures.

5. Démouler et laisser la surface devenir humide, puis parsemer les pistaches et replacer au congélateur sur du papier cuisson pour 15 minutes.

Glace smoothie

avocat chocolat blanc

10 MIN + 6 H (CONGÉLATION) | 4 BÂTONNETS

1 c. à soupe de noisettes

2 c. à soupe de granola

1 citron vert

2 bananes

2 avocats mûrs

1 tablette de chocolat blanc

1. Faire revenir les noisettes à sec dans une poêle pendant 5 minutes, puis les hacher. Les mélanger avec le granola.
2. Passer le citron rincé et pelé au filtre **PRESSE-AGRUMES**. Récupérer le jus dans un bol.
3. Passer les bananes pelées ainsi que les avocats épluchés et dénoyautés à l'**EXTRA PRESS**. Récupérer la purée dans le bol contenant le citron.
4. Fouetter pour homogénéiser et retirer la mousse à la cuillère.
5. Verser le mélange dans les moules, placer au congélateur et, après 1 heure, plonger les bâtonnets dans les moules. Placer de nouveau au congélateur pour 5 heures.
6. Faire fondre le chocolat au bain-marie. Démouler les glaces et les enrober d'une couche de chocolat.
7. Parsemer le mélange noisettes-granola sur les glaces avant que le chocolat fige. Placer au congélateur pendant 15 minutes.

Glace smoothie

kiwi citron épinard

20 MIN + 6 H (CONGÉLATION) | 4 BÂTONNETS

3 kiwis

40 g de pousses d'épinard

2 c. à café de jus de citron vert

1 c. à café de sirop d'agave (facultatif)

30 ml d'onctueuse de coco

1. Peler les kiwis. Les couper en morceaux et les passer à l'EXTRA PRESS avec les épinards rincés, en alternant. Récupérer le jus dans un bol.

2. Verser le jus de citron, le sirop, le cas échéant, et l'onctueuse de coco, puis mélanger.

3. Verser dans les moules et placer au congélateur pour 2 heures. Enfoncer les bâtonnets et replacer au congélateur pour 4 heures.

Sorbet smoothie

orange citron

10 MIN + 6 (CONGÉLATION) | 1 BAC 12 X 12 X 5 CM

50 ml d'eau

60 g de sucre

4 oranges

1 citron

1. Verser dans une casserole l'eau et le sucre. Porter à ébullition puis retirer du feu.
2. Rincer et peler les fruits. Les couper en deux et les passer à l'**EXTRA PRESS**. Récupérer le jus dans un bac.
3. Verser le sirop dans le bac contenant le jus et fouetter pour homogénéiser.
4. Retirer la mousse à la cuillère.
5. Placer au congélateur.

Sorbet smoothie

mangue Passion

10 MIN + 6 H (CONGÉLATION) | 1 BAC 12 X 12 X 5 CM

1 mangue

2 fruits de la Passion

1. Rincer, peler et trancher la mangue.

2. Rincer et couper les fruits de la Passion en deux. Récupérer la pulpe à la cuillère et réserver dans un bol.

3. Passer les morceaux de mangue et la pulpe du fruit de la Passion à l'EXTRA PRESS. Récupérer la purée dans un bac.

4. Fouetter pour homogénéiser.

5. Retirer la mousse à la cuillère.

6. Placer au congélateur.

Sorbet smoothie

banane myrtille

10 MIN + 6 H (CONGÉLATION) | 1 BAC 12 X 12 X 5 CM

60 ml de myrtilles surgelées

3 c. à soupe de sucre

3 bananes

1 c. à soupe de jus de citron

200 ml d'onctueuse épaisse de noix de coco

1. Décongeler les myrtilles puis, dans une casserole, verser les myrtilles et le sucre. Porter à ébullition, mélanger et réserver hors du feu.

2. Passer les bananes pelées à l'EXTRA PRESS. Récupérer la purée dans un bac.

3. Ajouter le jus de citron et l'onctueuse de coco dans le bac contenant la purée et fouetter pour homogénéiser.

4. Retirer la mousse à la cuillère.

5. Verser le coulis de myrtille et faites des cercles avec la pointe d'un couteau.

6. Placer au congélateur.

Sorbet smoothie

cacao banane piment

10 MIN + 6 H (CONGÉLATION) | 1 BAC 12 X 12 X 5 CM

50 ml d'eau

60 g de sucre

4 c. à soupe de cacao en poudre non sucré

4 bananes

1 tranche de piment type jalapeño

1. Verser dans une casserole l'eau et le sucre. Porter à ébullition puis retirer du feu.

2. Ajouter le cacao en poudre puis fouetter pour homogénéiser. Réserver.

3. Passer les bananes pelées et le piment à l'EXTRA PRESS. Récupérer la purée dans un bac.

4. Ajouter le cacao liquide dans le bac contenant la purée et fouetter pour homogénéiser.

5. Retirer la mousse à la cuillère.

6. Placer au congélateur.

Frozen yoghurt

betterave fraise

10 MIN + 4 H (REPOS) | 1 POT

3 c. à soupe d'amandes effilées

75 g de betterave cuite

180 g de fraises

1 c. à café de jus de citron

550 g de yaourt à la grecque

100 g de sucre glace

1 c. à café d'extrait de vanille

¼ de barquette de myrtilles

1. Faire dorer les amandes effilées dans une poêle sur feu moyen pendant 2 à 3 minutes. Réserver.
2. Passer la betterave coupée en morceaux ainsi que les fraises rincées et équeutées à l'EXTRA PRESS. Récupérer la purée dans un bol.
3. Ajouter le jus de citron et mélanger pour homogénéiser.
4. Verser le yaourt, le sucre et la vanille dans un bac, puis placer au congélateur.
5. Gratter avec une fourchette toutes les 40 minutes. Quand la consistance est onctueuse, verser dans une poche munie d'une grosse douille et presser pour servir la quantité souhaitée dans un bol. Sans douille, déposer le yaourt à la cuillère.
6. Napper avec un peu de coulis betterave-framboise puis parsemer les myrtilles et les amandes.

Sweet porridge

avoine rhubarbe fraise

2 tronçons de rhubarbe

6 fraises

2 c. à soupe
de graines de courge

80 g de flocons d'avoine

250 ml d'eau ou
de boisson végétale

1. c. à soupe de sucre

1 c. à café
de graines de pavot

1 filet de miel ou de sirop
d'agave (facultatif)

10 MIN | 6 MIN | 1 BOL

1 Rincer, peler si nécessaire et couper la rhubarbe en morceaux. Rincer, équeuter et couper les fraises en rondelles.

2 Faire griller les graines de courge dans une poêle pendant quelques minutes à feu moyen, jusqu'à ce qu'elles dorent et gonflent.

3 Passer la rhubarbe au filtre **JUS** et récupérer le jus dans un verre.

4 Verser dans une casserole les flocons d'avoine, le liquide, le jus de rhubarbe et le sucre. Faire cuire sur feu moyen pendant 6 minutes, en mélangeant régulièrement. Une fois que le liquide est bien absorbé et que la préparation est bien onctueuse, verser dans le bol. Ajouter les fraises, les graines de courge et les graines de pavot. Napper d'un filet de miel ou de sirop, le cas échéant.

Crème

coulis pamplemousse

300 ml de boisson végétale (amande, coco, noisette, soja…)

1 c à café d'extrait de vanille

25 g de sucre

50 g de fécule de maïs + 20 g (pour le coulis)

½ pamplemousse rose

40 g de sucre

2 c. à soupe d'amandes effilées

20 MIN + 1 H (RÉFRIGÉRATION) | 5 MIN | 2 POTS

1. Porter le lait à ébullition dans une casserole avec l'extrait de vanille et le sucre, puis ajouter la fécule en fouettant sans cesse pendant 5 minutes. La crème doit être onctueuse. Verser dans les pots et réfrigérer.

2. Rincer, peler et passer le pamplemousse rose au filtre **PRESSE-AGRUMES**. Récupérer le jus dans une casserole, ajouter le sucre et porter à ébullition. Ajouter la fécule, fouetter et laisser épaissir en remuant sans cesse.

3. Faire griller à sec les amandes effilées. Sortir les pots du réfrigérateur, ajouter les amandes effilées puis le coulis. Réfrigérer pendant 1 heure.

Pudding

chia banane framboise

10 MIN + 2 H (RÉFRIGÉRATION) | 1 BOL

150 ml + 30 ml
de boisson d'amande

1 c. à soupe
de miel d'acacia

30 g de graines de chia

1 c. à soupe de jus
de citron

1 banane
+ quelques rondelles
(pour la décoration)

½ barquette
de framboises
+ 6 (pour la décoration)

1. Dans un bol, verser la boisson végétale, le miel, les graines de chia et le jus de citron. Mélanger.

2. Peler la banane puis rincer les framboises et les passer à l'EXTRA PRESS. Récupérer la purée dans le bol contenant la boisson végétale. Mélanger puis verser dans les verres.

3. Placer au réfrigérateur pour 2 heures.

4. Sortir du réfrigérateur, verser les 30 ml de boisson d'amande puis ajouter quelques rondelles de banane et les framboises.

Pudding

tapioca poire myrtille

20 MIN + 4 H (RÉFRIGÉRATION) | 2 VERRES

25 g de perles de tapioca

1,5 feuille de gélatine

½ citron vert

2 poires

1 barquette de myrtilles
+ 1 poignée

20 g de sucre

10 framboises

1. Faire tremper le tapioca dans l'eau pendant 3 minutes puis le faire cuire dans l'eau pendant 1 minute, sur feu doux, en remuant jusqu'à ce qu'il devienne translucide. Égoutter et rincer longtemps à l'eau froide. Faire tremper les feuilles de gélatine dans un bol d'eau glacée et laisser tremper pendant 5 minutes.

2. Rincer, peler et passer le citron au filtre **PRESSE-AGRUMES**. Récupérer le jus dans un bol.

3. Rincer, peler et évider les poires. Rincer les myrtilles. Passer les poires avec la moitié des myrtilles au filtre **JUS**. Récupérer le jus dans le bol contenant le citron.

4. Dans une casserole, porter à ébullition les jus et le sucre. Hors du feu, incorporer les feuilles de gélatine essorées et fouetter rapidement.

5. Verser un peu de tapioca dans le fond des verres, ajouter le jus, les myrtilles ainsi que les framboises rincées et coupées en deux. Réfrigérer pendant 4 heures au minimum.

Roulé aux fruits

fraise rhubarbe

10 MIN | 2 H 30 | 7 ROULEAUX

90 g de tige de rhubarbe (partie rouge)

250 g de fraises

1 c. à soupe de jus de citron

4 c. à soupe de sucre de glace

1. Préchauffer le four à 80 °C et couper la tige de rhubarbe rincée en tronçons.
2. Passer les fraises rincées et équeutées à l'EXTRA PRESS. Récupérer la purée dans un bol.
3. Passer la rhubarbe au filtre JUS et récupérer le liquide dans le bol contenant les fraises.
4. Ajouter le jus de citron et le sucre, puis fouetter pour homogénéiser. Mettre du papier cuisson sur une plaque allant au four, puis verser le mélange. Lisser avec une spatule en une couche très fine.
5. Enfourner pour 2 h 30, jusqu'à ce que la surface ne soit plus collante. Sortir du four et laisser refroidir.
6. Retourner la plaque et décoller le papier délicatement.
7. Déposer la plaque de pâte sur du papier cuisson et couper des bandes de 3 cm. Les rouler avec le papier et fermer avec un fil.

Si la pâte a trop séché au four pour être enroulée, la mouiller avec un pinceau légèrement imbibé d'eau et enfourner à nouveau pour faire sécher.

Pâte de fruit

Passion

10 MIN + 5 H (REPOS ET SÉCHAGE) | 10 CUBES

250 ml de pulpe de fruits de la Passion

4 g de feuilles de gélatine

140 g de sucre + pour l'enrobage

1. Rincer et couper les fruits de la Passion en deux, et les passer au filtre **JUS**. Récupérer le jus dans un bol.

2. Faire tremper les feuilles de gélatine dans un bol d'eau froide pendant environ 5 minutes.

3. Couvrir un moule avec du papier cuisson et faire dépasser les bords du papier, pour faciliter le démoulage ultérieur.

4. Porter la pulpe à ébullition, verser les 140 g de sucre et faire cuire pendant 1 minute. Ajouter les feuilles de gélatine bien essorées et fouetter l'ensemble jusqu'à l'obtention d'un mélange homogène. Retirer du feu et verser dans le moule. Réserver au réfrigérateur pendant 5 heures.

5. Démouler et couper en carrés de 3 cm de côté, puis laisser sécher s'ils sont encore humides. Enrober de sucre et conserver dans une boîte hermétique placée au frais.

Pâte de fruit

pamplemousse

20 MIN + 1 NUIT + 5 H (REPOS ET SÉCHAGE) | 10 CUBES

2 pamplemousses roses

130 g de sucre

3 g d'agar-agar
+ 5 ml d'eau

1 c. à soupe de pistaches finement hachées ou sucre blanc (pour l'enrobage)

1. Rincer et couper les pamplemousses en deux. Les passer au filtre **PRESSE-AGRUMES**. Récupérer le jus dans un bol.

2. Couvrir un moule avec du papier cuisson et faire dépasser les bords du papier, pour faciliter le démoulage ultérieur.

3. Porter le jus et les 130 g de sucre à ébullition, verser l'agar-agar et l'eau, puis fouetter l'ensemble jusqu'à l'obtention d'un mélange homogène, pendant environ 2 minutes. Retirer du feu et verser dans le moule. Réserver à température ambiante pendant une nuit et au réfrigérateur pendant 5 heures.

4. Démouler et couper en carrés de 3 cm de côté, puis laisser sécher s'ils sont encore humides. Enrober de sucre ou de pistaches réduites en poudre au mixeur, et conserver dans une boîte hermétique placée au frais.

Soupe sucrée

mangue rhubarbe framboise

15 MIN + 1 H (RÉFRIGÉRATION) | 2 MIN | 1 BOL

1 petite mangue

2 tronçons de rhubarbe

20 g de sucre

30 g de framboises

1 tige de menthe fraîche

1 petite poignée de granola

1. Rincer et peler la mangue. La couper en morceaux. Rincer, peler si nécessaire et couper la rhubarbe en morceaux.

2. Passer la rhubarbe au filtre **JUS** et récupérer le jus dans un bol.

3. Passer la mangue à l'**EXTRA PRESS** et récupérer la pulpe dans un autre bol.

4. Porter à ébullition le jus de rhubarbe et le sucre pendant quelques minutes. Laisser refroidir à température ambiante, puis placer au réfrigérateur pour 1 heure.

5. Ajouter la pulpe de mangue dans le bol de rhubarbe et remuer. Parsemer les framboises rincées et coupées en deux, la menthe et le granola.

Soupe sucrée

poire gingembre myrtille

15 MIN + 1 H (RÉFRIGÉRATION) | 2 MIN | 1 BOL

15 g de noisettes

2 grosses poires

7 g de gingembre frais

2 c. à soupe
de jus de citron
et le zeste de 1 citron

20 g de sucre

30 g de myrtilles

2 meringues

1. Faire griller les noisettes dans une poêle. Les frotter pour enlever la peau et les concasser grossièrement en frottant. Rincer, peler et évider les poires. Les couper en morceaux. En réserver quelques-uns pour le service.

2. Passer le gingembre et les morceaux de poires au filtre **JUS** et récupérer le jus dans un bol.

3. Porter à ébullition le jus de poire, le jus de citron et le sucre. Laisser refroidir à température ambiante puis réfrigérer pour 1 heure.

4. Verser la soupe de fruits dans un bol et parsemer les morceaux de poires, les myrtilles, le zeste râpé d'un citron, les noisettes et les meringues.

Tartelette

fraise chocolat

30 MIN + 2 H (RÉFRIGÉRATION) | 2 MIN | 4 TARTELETTES

1 rouleau de pâte sablée

130 g de chocolat noir pâtissier

2 feuilles de gélatine

1 barquette de fraises

40 g de sucre + sucre glace (pour la décoration)

2 c. à soupe de noisettes

Beurre pour les moules

1. Préchauffer le four à 170 °C. Abaisser la pâte sablée sur 0,5 cm d'épaisseur et découper quatre cercles. Foncer les moules beurrés et les couvrir de papier cuisson ainsi que de poids de cuisson. Faire cuire à blanc pendant 20 minutes. Poursuivre la cuisson à découvert pendant 10 minutes puis sortir du four.
2. Faire fondre le chocolat au bain-marie, sur feu doux, en remuant souvent. Remplir les fonds de tartelette avec une petite couche de chocolat et laisser figer.
3. Laisser tremper les feuilles de gélatine dans un bol d'eau glacée et pendant 5 minutes.
4. Passer les fraises rincées au filtre JUS et récupérer le jus dans un bol. Porter le à ébullition avec le sucre, puis incorporer la gélatine essorée. Fouetter rapidement.
5. Verser la gelée sur les fonds de tartelette et réfrigérer pendant 2 heures au minimum.
6. Au moment de servir, saupoudrer le sucre glace sur le bord des tartelettes et parsemer les noisettes concassées.

Tartelette

mangue pastèque melon

1 pâte à tarte (brisée ou sablée)

70 g de noix diverses (mélange amandes, noisettes, etc.)

1 kiwi

½ petit melon

1 grosse tranche de pastèque

½ mangue

¼ d'ananas

1 tige de menthe fraîche

10 MIN | 30 MIN | 2 TARTELETTES

1. Dans des moules beurrés, déposer des cercles de pâte à tarte. Déposer du papier cuisson et des poids de cuisson, puis faire cuire à blanc pendant 20 minutes, à 180 °C. Retirer le papier et les poids, puis prolonger la cuisson pendant 10 minutes. Sortir du four et laisser refroidir.

2. Concasser le mélange de noix.

3. Rincer les fruits. Prélever dans le kiwi, le melon et la pastèque des billes avec une cuillère parisienne.

4. Rincer et éplucher la mangue et l'ananas. Les trancher, retirer le noyau de la mangue et le cœur de l'ananas, puis passer les morceaux à l'**EXTRA PRESS**. Récupérer la purée dans un bol.

5. Déposer sur les fonds de tarte une couche de noix puis verser une couche de purée. Déposer les billes puis parsemer les feuilles de menthe rincées.

Tartelette

citron vert kale coco

20 MIN + 4 H (RÉFRIGÉRATION) | 20 MIN | 6 TARTELETTES

80 g de flocons d'avoine

20 g d'un mélange de graines de courge-sésame-lin

3 c. à soupe de sucre + 45 g (pour l'appareil)

2 c. à soupe de miel d'acacia

2,5 feuilles de gélatine

2 citrons verts

1/2 pomme verte

½ poignée de kale ou de pousses d'épinard

3 c. à soupe de noix de coco râpée

1. Préchauffer le four à 170 °C. Dans un bol, verser les flocons d'avoine et les graines avec le sucre et le miel. Bien remuer. Couvrir les moules de papier cuisson ainsi que de poids de cuisson. Déposer le granola au fond des moules et foncer. Enfourner pour 15 minutes, jusqu'à ce que la pâte soit dorée. Sortir du four et laisser durcir.

2. Placer les feuilles de gélatine dans un bol d'eau glacée et laisser tremper 5 minutes.

3. Rincer, peler et passer les citrons au filtre **PRESSE-AGRUMES**. Récupérer le jus dans un bol. Passer les feuilles de kale ou les pousses d'épinard au filtre **JUS**. Récupérer le liquide dans le bol contenant le citron.

4. Porter les jus à ébullition avec le sucre. Incorporer les feuilles de gélatine essorées et fouetter rapidement.

5. Placer au réfrigérateur pendant 1 heure puis verser sur les fonds de tartelette quand la préparation est épaisse. Replacer au réfrigérateur pour 3 heures.

6. Parsemer la noix de coco.

Cheese-cake vegan

tourbillon de betterave

35 MIN + 2 H (RÉFRIGÉRATION) | 2 MIN | 1 GÂTEAU

150 g de biscuits sablés ou de speculoos vegan

3 c. à soupe d'huile de coco

1 petite betterave crue

400 g de dessert végétal à la noix de coco

1. c. à café d'extrait de vanille

80 g de sucre

1 c. à soupe de jus de citron

3 g d'agar-agar + 50 ml d'eau

1. Écraser les biscuits et ajouter l'huile de coco fondue. Mélanger. Graisser le moule avec de la margarine vegan, poser du papier cuisson dont les bords dépassent sur le dessus, puis étaler les biscuits sur le fond en les faisant remonter sur les bords. Réfrigérer.

2. Rincer et peler la betterave. La couper en morceaux et la passer au filtre **JUS**. Récupérer le jus dans un bol.

3. Verser le dessert végétal et l'extrait de vanille dans un cul-de-poule. Fouetter.

4. Porter à ébullition le sucre, le jus de citron et la poudre d'agar-agar déjà diluée dans 50 ml d'eau. Laisser frémir pendant 1 à 2 minutes. Verser ⅓ de cette préparation dans le bol contenant le jus de betterave, puis fouetter. Verser les ⅔ restants dans le cul-de-poule et bien fouetter.

5. Ajouter 6 cuillerées à soupe de l'appareil au bol contenant le jus. Mélanger. Verser l'appareil dans le moule, puis le coulis, et dessiner des cercles à l'aide de la pointe d'un couteau. Réfrigérer pendant 2 heures au minimum.

Cheese-cake vegan

pousses d'épinard avocat

4 c. à soupe d'amandes effilées

5 c. à soupe d'huile de coco

125 g de biscuits sablés vegan

3 yaourts aromatisés à la noix de coco

½ c. à café d'extrait de vanille

1,5 c. à soupe de jus de citron

100 g de pousses d'épinard

1 avocat

4 feuilles de gélatine

70 g d'un mélange de noix

1 barquette de framboises

15 MIN + 6 H (RÉFRIGÉRATION) | 1 BOL

1. Faire dorer les amandes effilées dans une poêle sur feu moyen pendant 2 à 3 minutes.
2. Faire fondre l'huile de coco dans une casserole à feu doux. Réduire les biscuits en miettes. Ajouter l'huile et bien mélanger. Dans un moule à bords hauts tapissé de film alimentaire, étaler les miettes.
3. Dans un grand bol, mélanger les yaourts, l'extrait de vanille, le jus de citron.
4. Rincer les pousses d'épinard et dénoyauter l'avocat. Les passer à l'**EXTRA PRESS** tout en ajoutant 60 ml d'eau dans la cuve. Récupérer la purée dans le bol contenant le yaourt. Mélanger.
5. Placer la gélatine dans un bol d'eau froide pendant 5 minutes puis l'essorer à la main. Porter à ébullition 60 ml d'eau puis, hors du feu, incorporer la gélatine avec un fouet. Ajouter au yaourt et bien mélanger.
6. Verser dans le moule et placer au réfrigérateur pendant 6 heures au minimum. Décorer avec les framboises rincées et les amandes effilées.

Index

Les entrées en italique se réfèrent aux types de recettes.

A
Abricot 102, 103, 134, 147
Açaï 48, 120, 141, 142, 144, 147
ACE 25
Agar-agar 197, 198, 242, 249
Agrumes 14, 25, 109, 144
Agua fresca 68, 70, 71, 73, 74
Ail séché 198
Airelles 78, 154
Ananas 11, 14, 16, 30, 53, 55, 81, 98, 101, 102, 104, 161, 212, 247
Aneth 154, 162, 201
Argousier 44
Asperges 157
Avocat 15, 17,34, 92, 104, 132, 150, 159, 162, 225, 250

B
Baies de goji 53, 63, 130, 172
Basilic 33, 83, 199, 200, 204
Betterave 10, 21, 26, 36, 54, 63, 111, 211, 233, 249
Beurre de cacahuète 124, 149
Bircher muesli gourmand 211
Biscuit 125, 137, 249, 250
Blinis 194
Boisson végétale
  d'amande (ou lait) 89, 169, 171, 172, 173, 174, 176, 177, 178, 179, 181, 182, 189, 220, 236, 237
  de coco (ou lait) 81, 92, 98, 102, 184
  de noisette 123, 131
  de noix de cajou 169, 171, 172, 173, 174, 176, 177, 178, 179, 195, 197, 198
  de riz 191, 194
Bouillon de légumes 164
Boules d'énergie 210
Brocoli 33, 55, 60, 154, 163, 205
Bubble tea 186-191

C
Cacao en poudre non sucré 127, 148, 178, 185, 207, 210, 220, 232,
Cake 200-201
Cake marbré 217
Cannelle 89, 94, 109, 131, 139, 184
Caramels au beurre salé 182
Cardamome 169
Carotte 8, 17, 20, 25, 44, 113, 119, 163, 164
Carrot-cake 215
Céleri 39, 117, 162
Céréales 152
Cerise 148
Cerise griotte 84
Chanvre 50, 209
Cheese-cake vegan 249-250
Chocolat 135, 149, 176, 207, 209, 225, 245
Chou blanc 112, 161
Chou kale 32, 57, 108, 202
Chou-rave 66
Chou rouge 113
Ciboulette 194, 198
Citronnelle 22, 81, 85
Clémentine 14
Concombre 9, 43, 85, 155, 157, 159, 161
Cookie 177
Coriandre 34, 41, 80, 119, 155, 164
Courgette 160, 195, 202
Crème 236
Crêpe 207
Cresson 43
Croûtons 154, 163
Curcuma 36, 51, 57, 61, 111, 119, 164, 171, 221
Curry 194, 202

D
Dattes 89, 125, 127, 131, 169
Dessert vegan 209
Dessert végétal 90, 209, 249
Douceur végétale 181-185

E
Eau de coco 14, 22, 28, 35, 45, 48
Eau pétillante 70, 73, 75, 78, 84
Échalote séchée 197, 198
Épices chaï 123, 177, 183, 215, 220
Épinard 15, 36, 150, 161, 227, 248, 250
Estragon 65
Expresso 89, 182, 184, 185, 220

F
Faux-mage vegan 197, 198
Fécule de maïs 236
Fenouil 12, 41, 99, 132, 163
Feta 195, 204
Fèves de cacao crues 144
Figues séchées 210
Financier 214
Flocons d'avoine 124, 145, 210, 211, 235, 248
Fraîcheur végétale 168-179
Fraise 11, 17, 75, 79, 98, 101, 106, 118, 120, 134, 137, 140, 145, 191, 209, 233, 235, 239, 245
Framboise 35, 48, 54, 69, 104, 112, 124, 142, 152, 174, 188, 206, 210, 217, 221, 233, 237, 238, 243, 250
Fromage frais 200, 215
Frozen yoghurt 233
Fruit de la Passion 28, 73, 79, 90, 113, 137, 141, 186, 220, 229, 240
Fruit du dragon 29, 96, 114, 150, 152
Fruits rouges 142, 207, 214

G
Galette 195
Gélatine 238, 240, 245, 248, 250
Gingembre 8, 10, 22, 25, 33, 39, 51, 56, 58, 66, 74, 93, 118, 123, 169, 171, 172, 183, 186, 188, 189, 191, 244
Ginger ale 79, 80, 83, 84,
Glace
  au cassis 135
  à la vanille 136
  à la noix de coco 137
Glace à l'eau 220-222
Glace smoothie 224-227
Gousses d'ail 199, 200, 201
Graines
  de chia 54, 88, 126, 129, 141, 148, 237
  de courge 142, 164, 235,
  de pavot 235
  de sésame 125, 129, 131, 147, 164, 205, 211
  mélangées 151, 248
Granola 90, 130, 132, 142, 150, 225, 243
Grenade 49, 60, 71, 94, 95, 149

H
Hibiscus séché 71, 84

J
Jus classique 8-18
Jus détox 32-43

K
Kaki 23
Kiwi jaune 144
Kiwi vert 27, 66, 111, 116, 144, 227, 247
Kombucha 118
Kumquats 65

L
Litchis 70, 78, 88, 151

M
Maca 49, 179
Mâche 67
Mandarine 14
Mangue 28, 40, 49, 73, 83, 90, 117, 122, 125, 135, 137, 152, 186, 222, 229, 243, 247
Mélange
  de graines 151, 248
  de noix 247, 250
  quatre-épices 171
Melon 95, 247
Mocktail 75-85
Muffins 212
Mûres 147
Myrtilles 21, 83, 94, 111, 129, 133, 140, 142, 148, 222, 230, 238, 244

N
Navet 38
Nectarine 99, 107
Noix de cajou 127, 168
  okara de 127, 195, 197, 198, 199, 204
Noix de coco
  copeaux de 137, 144, 152
  eau de 14, 22, 28, 35, 45, 48
  lait de 81, 92, 98, 102, 184
  râpée 70, 210, 222, 248
Noix de pécan 215

O
Okara
  d'amande 195, 206, 207, 209, 214, 217
  de banane 212
  de carotte 215
  de framboise 210
  de fruits 211
  de maïs 194
  de noix de cajou 127, 195, 197, 198, 199, 204
  de légumes 200, 201, 202, 205
Olives
  noires 201
  vertes 202
Omelette 205-206
Onctueuse de coco 148, 150, 151, 222, 227, 230
Orange 11, 17, 25, 51, 101, 106, 109, 114, 119, 156, 228
Orange sanguine 25

P
Pamplemousse 20, 33, 58, 62, 80, 107, 109, 236, 246
Papaye 30, 74, 88, 93, 126, 141
Parmesan 199
Pastèque 26, 68, 126, 147, 149, 188, 221, 222, 247
Pâte à tarte 202, 247
Pâte de fruit 240-242
Pêche 76, 99, 122, 224
Pépites de chocolat 149
Peps 20-30
Persil 38, 159, 163, 195
Pesto 199
Petits pois 162
Piment
  d'Espelette 60
  Jalapeño 155, 232
  rouge 178, 197
  vert 84, 123, 155, 232
Pistaches 224, 242
Poire 18, 23, 39, 55, 103, 111, 116, 132, 220, 221, 238, 244
Poivron vert 116, 155
Pousses d'épinard 15, 36, 150, 161, 227, 248, 250
Pudding 237-238

Q
Quiche 202-204
Quinoa soufflé 134, 159, 162

R
Radis noir 35
Raisin blanc 18, 32, 36, 50,
Raisin noir 36, 63
Rhubarbe 76, 106, 235, 239, 243
Roquette 40
Roulé aux fruits 239

S
Semoule 156
Shot concentré 56-67
Sirop d'érable 127, 131
Smoothie bowl 141-152
Smothie douceur 124-140
Smoothie évasion 88-98
Smoothie gourmand 124-140
Smoothie vitaminé 106-119
Smoothie santé 120-123
Sorbet smoothie 228-232
Soupe crue 155-156, 159-162
Soupe cuite 164
Soupe mixte 154, 157, 163
Soupe sucrée 243-244
Speculoos 125, 249
Spiruline 46, 90, 147, 151, 173
Superjus 44-55
Sweet porridge 235

T
Tahin 94
Tapioca 92, 95, 186, 188, 189, 191, 238
Tartelette 245-248
Thé
  au jasmin 85
  matcha 45, 88, 122, 176, 181, 189, 217
  noir 183
  vert 191, 29, 32, 38
Thon 200
Thym 62, 78, 122, 160
Tomates 155
  cerises 204, 205
  mi-séchées 197
  multicolores 202
  séchées 201

Y
Yaourt
  à la grecque 195, 202, 211, 233
  aromatisé 103, 145, 152, 250
  nature 141, 145, 152
  probiotique 119, 120

Auteur : Lene Knudsen

Photographe : Richard Boutin

Création et réalisation : Graph'M

PAPIER À BASE DE FIBRES CERTIFIÉES

MARABOUT
s'engage pour l'environnement en réduisant l'empreinte carbone de ses livres.
Celle de cet exemplaire est de : 2100 g éq. CO_2
Rendez-vous sur www.marabout-durable.fr

58, rue Jean Bleuzen

92178 Vanves Cedex

7001952

ISBN : 978-2-501-12305-1

Dépôt légal : septembre 2017

Achevé d'imprimer en août 2017 par Cayfosa en Espagne